法政大学に集った人々

自由という広場

田中優子 著

目次

はじめに――自由を生き抜く実践知 01

01 大丈夫、助けられる for 吉田修一と後藤健二 15

02 自分で決めたかった。法政ならそれができた about 為末 大 31

03 大学は僕の「隠れ家」だった about 山田耕之亮 41

04 無頼ということ about 鈴木直道 53

05 憲法記念日に生まれて about 上原公子 67

06
ニューヨークの漫画家とグローバル大学を語った
about ミサコ・ロックス
81

07
頭と身体の限界で仕事をしてみたい
about 井原慶子
97

08
書き続けるフロントランナー
about 川村 湊
111

09
実践知の人々
about 坂本光司、村田紀敏
125

10
集うことの意味
about 竹中宣雄、林高広、安田秀一、富永由加里、石原正康
145

11
「自由」を人のかたちにすると
about 金原瑞人
155

おわりに
with 大江健三郎
171

市ヶ谷キャンパス遠景（2015 年）

はじめに――自由を生き抜く実践知

ある授業

私は法政大学*の出身者である。学部と大学院とで、合計一〇年、法政大学で学んだ。私自身の体験から書こう。

それは「言語社会学」という不思議な正課授業だった。一九七〇年のことである。言語学者の野林正路《のばやしまさみち》*が教えていたこの講義は第一教養部という、今は改組された教養課程の組織内に設置されていた。講義概要を読んで一目で惹かれた私は、人数制限があるこの講義にどうしても入りたいと思い、夜明けに起きて大学に行き、なんとか履修手続きを済ませた。

*法政大学
「自由民権運動が高揚する時代を背景として、一八八〇年にフランス法系の近代的な法治と権利義務を教育する私立法学校（東京法学社）として設立された。「自由な学風と進取の気象」を校風とし、近代日本社会の建設に向けたリベラルでプ

ところが授業に行ってみるとそこには、すでに単位を取得した二年生、三年生の上級生たちがいたのである。「これが授業？」不思議だが、なんとも自由に思えた。しかも彼ら上級生たちも時には講義を担当し、調査合宿の手順を指導し、一緒に言語調査に入り、調査が終わると教員と学生はともにその結果をまとめて簡易本を作り、学会発表までする。

今から考えても資料価値の高い言語調査データであった。その本に関心をもって訪問してくる外部の人もいて、その人も議論の輪の中に入った。私もごく自然に、二年生になっても三年生になっても、そこに出入りしていた。

こうしてできあがった授業の外にまで広がるネットワークは、「意味論研究会」*として学外に組織され、数十年続いた。研究会には研究者だけでなく多くのアーティストが来ており、警察官や物書きなど、さまざまな人がいた。私も大学院生になっても教員になっても、「意味論研究会」に出入りした。この授業や研究会から複数の大学教授、理事、総長が出てきたのだが課外の組織なので、大学の成果として注目されることはなかった。

大学という場は社会に伸張していく場であり、決してカリキュラムの中に閉じ

ログレッシブな教育と研究を展開しながら、建学以来「自由と進歩」の精神を培ってきた。戦後においても、この「自由と進歩」の伝統にヒューマニズムの精神を加味した三つの指針「独立自由な人格の形成」、「学問を通じたヒューマニティの昂揚」、「日本人の社会生活の向上に寄与する人材の育成」（「われらの願い」元総長大内兵衛による）を定めている」——法政大学ウェブサイト「大学の理念・目的」より。

＊野林正路
一九三二年台湾旧台北州基隆市生まれ。法政大学助教授、ハワイ大学客員講師、茨城大学教授、北京大学客

られるものではないのである。本書は主に対談した方々について書いた本だが、多くの対談者が、授業ができなかった時代に、自ら機会を作って自主的に勉強していたことを知った。大学という場は、思っているよりはるかに柔軟性のある場であり、その柔軟性を失ってはならない。

この私の体験は、「学生を授業の中に閉じ込めない」という方法との出会いだった。学校は学年、履修、単位認定などの秩序からできているので、正課と正課外を区別しようとする。教師は、教えたことと教えなかったことを区別しようとする。しかし学生の側から見ると、「考える」「創造する」という行為のプロセスに、正課と正課外の別はない。日々を生きるその全体の中で学び、言葉を覚え、社会を知り、自分の言葉

員教授、麗澤大学教授、中国首都師範大学客員教授などを歴任。茨城大学名誉教授。著書に『山野の思考』（海鳴社）、『意味の原野』（和泉書院）ほか。

＊意味論研究会　一九七〇年代から野林正路を中心に企画されてきた研究会で、法政大学、都立大学などで開催され、二〇一三年六月に通算四〇〇回を迎えた。立教大学名誉教授の成田康昭氏（法政大学社会学部出身）が中心になり、法政大学社会学部教授・社会学部長で前理事の徳安彰氏も後に加わった。上の写真は、右手前（後ろ向き）から野林正路、田中優子、徳安彰。

と論理を紡ぐ。その過程を大切にしてもらったとき、学生はそこに「自由」を見るのである。

こうして、自ら動き、計画し、考え、事実から理論化の可能性を探していく過程の面白さを、私は大学一年で経験したのである。さらに上級生と別の読書会ももち、フランスやアメリカの先端的な言語論を自学自習し、わからないところは教授に聞く、という方法をとった。そもそもは日本の言語社会学の授業であり、方言の調査をしていたのだが、勉強する領域は世界に広がっていた。私は、フェルディナン・ド・ソシュールはもちろんのこと、ローマン・ヤコブソン、ノーム・チョムスキーなどの言語学を学び、彼らを通してロラン・バルトやジュリア・クリステヴァのテキスト分析に至り、それは後の卒業論文と修士論文に深い影響を与えた。また、野林教授がハワイ大学に教えに行っているあいだは、ベルギー人のウィレム・グロータース神父が教えに来てくれていて、ずいぶん国際的な空気にあふれた教室だった。言語学を契機にフランス語に熱心になった私は、外国語を学ぶ面白さをはじめて知った。

文学部日本文学科のゼミ（小田切秀雄*ゼミ）に入ってからはゼミの中での活動

＊小田切秀雄
一九一六年東京生まれ。二〇〇〇年没。評論家。法政大学国文科卒業。在学中から『文芸学資料月報』などの同人誌を刊行、近代文学、近世文学に関する執筆活動を行なった。雑誌『近代文学』の創刊（一九四六年）に参加したが、「政治と文学」論争を機として平野謙、荒正人らと意見を異にして袂を分ち、新日本文学会の設立に参加。『小田切秀雄著作集』（全七巻、法政大学出版局、一九七〇―七四年）が刊行されている。

で、私は「自由」を感じた。専門ゼミであるから当然ある範囲が決められているが、その範囲内でテーマを自ら決めることができ、そこで探求した方法と発見したことは、受け容れられた上で批評され、それを自ら直していく。それもまた、そばにいたのは指導教授だけではなかった。一緒に発表し助言してくれる上級生や同級生から得たものは計り知れない。そして、この専門ゼミの中で独自に発見したことが、私の生涯の研究テーマとなった。

そのほかの多くの講義型授業も、ゼミやゼミ形式の講座が柱としてあれば、自らの研究や関心事項の参照・比較対象として有効な働きをすることを学んだ。不思議なことに、講義の中で衝撃を受けた新たな発見もあれば、そのときは何の関心もわかずにただ聞いていた授業が後々まで記憶に残っていて、別の機会に他のこととつながっていく、という体験もあった。

衝撃を受けた講義とは、益田勝実《かつみ》*の授業である。私はこの高名な先生を古代文学研究者として高校生のころから知っていたが、彼が在学中の私に渡した大事なテーマは古代文学のことではなく、水俣のことであった。石牟礼《いしむれ》道子の『苦《く》海浄土《がいじょうど》』*を知ったのは、彼の口から出てきた、熊本（水俣）方言による『苦海

＊益田勝実
一九二三―二〇一〇年。山口県生まれ。東京大学文学部国文学科卒業。法政大学に勤務、一九六七年に教授。八九年退職。国文学と民俗学の方法を用いて、日本人の精神的古層を明らかにした。『益田勝実の仕事1～5』（ちくま学芸文庫）で毎日出版文化賞受賞。

＊石牟礼道子『苦海浄土』
作家石牟礼道子（一九二七生まれ）の聞き書きの形をとった小説。雑誌『サークル村』『熊本風土記』などに連載され、六九年に刊行。水俣病公害の惨状に苦しむ患者たちの生命と怒りを鮮烈な水俣の言葉で描いた戦後日本文学の名著。

浄土』朗読の際の、言葉の衝撃によってであった。
一方、何のことか全くわからず困惑した講義が、後に私の指導教授となった廣《ひろ》末保《すえたもつ》*の講義である。私は大学院から近世（江戸）文学を専攻するが、学部時代には江戸時代のことを何も知らなかった。江戸文学と出会った後も、最も理解しがたかったのが、「遊行」と「定住」の関係であり、悪場所*という考えであった。私が見ていた江戸文学は近代から照射した江戸文学であり、廣末保が見ていた江戸文学は、中世から照射した江戸文学だったからである。その両面を理解して、江戸文学が立体的で深みのあるものとして私の前に現れるのは、もっと後のことだった。

どちらも、私は教授たちから本来の「専門」を学ばなかった。あるいは気づかずに通り過ぎた。しかしその時点で習得することが義務づけられていたわけではなく、自分自身の長い時間の中で出会う「時間の自由」が、ここにはあった。

自由を生き抜く実践知

法政大学は「自由を生き抜く実践知」という標語をかかげている。ここでいう

*廣末保
一九一九年高知市生まれ。四一年、東京帝国大学文学部国文学科卒。法政大学文学部教授。五五年、近世文学研究に新たな道を開く名著『元禄文学研究』（東京大学出版会）を刊行。柳田國男や折口信夫の民俗学に学びつつ、芭蕉・近松・西鶴等を通して元禄期の文学・芸能研究に新たな視点を投じるとともに、主著『悪場所の発想』（筑摩書房、一九八八年）などで悪場所・遊行民の存在を文化史・精神史の角度から考察、近世論に大きな影響を及ぼした。『廣末保著作集』全一二巻（影書房）は、もと法学部教授であった思想史家の藤田省三が編集顧問で、田中

自由とは、権威や組織や空気に寄りかからず、むしろそれらからの自由をめざして、自分の力で考え、その考えにもとづいて自分を律して生きることだ。

実践知とは、ギリシャ哲学の「フロネシス、プロネーシス」[*]と名付けられた知で、「共通の善」とされる社会的な価値に向かって、個別具体的な現場における判断を適切に行う力、という意味である。そのつどの文脈のなかで、最善の判断ができる知である。ありのままの現実を認め、文脈の背後にある関係性を読み取って決断し行動する能力である。自らの自由を獲得し続けるには、そのような実践知が不可欠なのだ。

書の題名である『自由という広場』は、その「自由を生き抜く」から採っている。私自身が既に述べたように法政大学と大学院で学び、教員として三十五年を過ごし、「自由」の大切さと、それを生き抜くことの楽しさを実感している。法政大学が自由を生きることを共有している場である、という実感も持ち続けてきた。

総長就任以来、多くの卒業生たちに会って話をうかがってきた。また大学内に作られた「ブランディング戦略会議」[*]のメンバーたちも、学内学外の人々にインン優子も編集委員だった。

＊遊行・定住・悪場所
日本には、一箇所に定住して農業や商いに携わる人々だけでなく、漁民、狩猟民、遊行僧、巫女、山伏、薬売り、野鍛冶、芸能民、遊女、俳諧師のように、移動することで生活する人々がいた。その数は近世（江戸時代）に入ると減少するが、中世までの移動による生き方を踏襲することでその精神を受け継ごうとした者もいて、芭蕉はそのひとりだった。その定住民と漂泊・遊行民のあいだに起こったことを、説経節その他の芸能の成立過程と捉え、それが後の近松浄瑠璃の源流と考えたのが廣末保である。こ

タビューを重ねてきた。どちらの場合も、「自由」は法政大学の主要なキーワードであり、多くの人の口から語られた。つまり「自由」は決して法政大学出身者の体験として空論ではなく、それぞれにとって何らかの実質をともなっていたと考えるべきだろう。その実質は、大学外の社会との相対的な関係の中で比較され、やがて個々が実感として持つようになったものだと思われる。

しかし、自由は無秩序のことではない。学校や企業など多くの人が集う組織にとって、管理は最重要項目であり、管理の失敗は組織の失敗とみなされる。管理をしていない組織は存在せず、むろん法政大学もさまざまな危機管理、教育管理の方法を持っており、実践もしている。学年暦、カリキュラム、卒業単位、教職員の勤務における義務、試験などの不正行為禁止のルール、飲酒にかかわるルール、他の学生の勉学を妨げないルールなど、どこにでもあるルールが定められている。暴力や脅迫や詐欺行為などの犯罪には、とりわけ厳しく対処している。

ではそのような中でなぜ、どのような意味で「自由」は意味を持つのだろうか。鍵を握るのは比重の置き方、つまり価値観である。管理が絶対視される場所では、人々のまなざしが常に「ルール通りに行われているか」のチェックに向かう。形

の考えは網野善彦とも共有していた。また、遊郭や芝居小屋は当時から「悪所」「悪所場」「悪場所」と呼ばれていたが、これもまた遊行の定住化として見ていた。

＊フロネシス、プロネーシス（phronēsis）「思慮」「深慮」を意味するギリシャ語。おもにアリストテレス哲学（『ニコマコス倫理学』）で、理論的知識としての「ソフィア」とは区別された実践的知識として特徴づけられる。倫理学の中心的概念の一つ。

＊ブランディング戦略会議　法政大学は高度な研究・教育能力をもつ日本有数の私立大学であり、卒業生は社

骸化した管理では、ルールの意味が理解されないまま、「守られているか否か」のみが判断基準となる。ルールがあって人間がいない状況が生まれるのだ。

ルールとその管理は何のためにあるのか？　それは、人間が互いの存在をそこなわないためにある。個人としての人間が、外からの力に妨げられることなく、存分にのびのびと生きるためにある。管理を手放し秩序が壊れれば、自分の勢力伸張だけを目的にして他者を邪魔する者が出てくる。結果として、邪魔される者も出てくる。その事態は、学校という場において、教育を受ける権利と公平と公正さが失われることを意味する。

　重要なのは個人としての人間であって管理ではない。個人としての人間の側から見ると、自ら考え、感じ取り、人を知り、人との関わりや対象との関わりを「自ら作る」ことができていればそれを自由と感じる。のびのびと学ぶことができ、考えることを心から面白い、と思える場が、「自由な場」である。法政大学には、通常の意味での管理がある。しかし管理は「できるだけ使わない道具」であり、「個人を他者の妨害から守る道具に過ぎない」のだ。

　後の章で述べるアスリートの為末大が語るように、自由とは自らの心身及び思

会の各方面で活躍している。しかしその実力や個性は必ずしも社会で正しく評価されているとはいえないという問題意識から、大学の潜勢力を丁寧に掘り起こし、大学としてのブランドをあらためて確立し、社会的評価を刷新することを目的とした会議。

想を、他者のサポートを得ながら自ら設計し、目標を立て、自ら達成をめざすものである。「自由の場」には、まずそのことを許し、理解し、賞賛する価値観が必要だ。さらに、自由を実現する者たちの問いに対して答え、助け、支える力が必要だ。そこにはさらに、余計な手出し口出しをしない自制心も必要なのである。自由の継続には、それを実現する側も、それを実現させる側も、大きな努力を要する。

私を含めた何人かが法政大学という場で体験した自由とは、押しつけられることなく、実践されていくことが内面化し、そのことが外のネットワークとつながっていく、という性質のものであった。内と外への伸び縮みの自在感である。さらにそのことが許されつつ、自分の能力となっていくことであった。

本書は、二〇一四年四月の総長就任以来、法政大学のホームページ上の HOSEI ONLINE (http://www.yomiuri.co.jp/adv/hosei/) で掲載してきた対談の一部を基礎にしている。HOSEI ONLINE は読売新聞の YOMIURI ONLINE と提携して作っているサイトだ。

しかし本書は対談本ではない。サイトでは掲載できなかった会話も含め、対談で語り合ったことを基本に私自身が書き下ろした。HOSEI ONLINEでは、本学の教員や他大学の学長とも対談しているが、本書は卒業生との対話をもとにしている。今の時代とこれからの時代にとって、人が自らの決定によって自由を生きるとはどういうことなのか、ともに考えたいからである。

なお、この本のデザインは私の強い希望で、本学出身のデザイナー、太刀川瑛弼氏*にお願いした。ぎりぎりになってのお願いに応じて下さったことに心から感謝申し上げたい。また、本書の完成まで様々な援助を下さった法政大学総長室の皆さんと、この新しい試み全体を統括して下さった法政大学出版局の郷間雅俊氏のご尽力に、感謝申し上げる。

58年館835教室（市ヶ谷キャンパス）

＊太刀川瑛弼　二〇〇四年法政大学工学部建築学科卒業。慶應義塾大学大学院理工学研究科修了。二〇〇六年にデザインファームNOSIGNERを創業。現在、同株式会社代表取締役。世界的にも評価されており、国内外の主要なデザイン賞にて五〇以上の受賞を誇る。慶応義塾大学SDMと法政大学デザイン工学部建築学科で非常勤講師を務める。

自由を生き抜く実践知

法政大学は、近代社会の黎明期にあって、
権利の意識にめざめ、法律の知識を求める
多くの市井の人びとのために、
無名の若者たちによって設立されました。

校歌に謳うよき師よき友が集い、
人びとの権利を重んじ、多様性を認めあう「自由な学風」と、
なにものにもとらわれることなく公正な社会の実現をめざす
「進取の気象」とを、育んできました。

建学以来のこの精神を受け継ぎ、
地球社会の課題解決に貢献することこそが、本学の使命です。

その使命を全うすべく、
多様な視点と先見性をそなえた研究に取り組むとともに、
社会や人のために、真に自由な思考と行動を貫きとおす
自立した市民を輩出します。

地域から世界まで、あらゆる立場の人びとへの共感に基づく
健全な批判精神をもち、
社会の課題解決につながる「実践知」を創出しつづけ、
世界のどこでも生き抜く力を有する
あまたの卒業生たちと力を合わせて、
法政大学は持続可能な社会の未来に貢献します。

Practical Wisdom for Freedom

Hosei University was founded by a group of ambitious young men at the beginning of the modern era in Japan for ordinary citizens who had become aware of human rights and sought a knowledge of the law.

As the school song says, Hosei University is a place where "good teachers and good friends gather." The university has always fostered a "free academic atmosphere" in which the rights of others are respected and diversity is accepted and a "pioneering spirit" which is not bound by convention and aims at building a fair society.

Carrying on the legacy of the university's founders, our mission is to pass on this free academic atmosphere and pioneering spirit to the next generation and contribute to solving the problems of the world.

In order to fulfill this mission, the university strives to support farsighted research from a variety of points of view and educate students to become independent citizens who carry out their work for the society and the people based on well-grounded principles and unrestricted thinking.

Hosei University promotes sound critical thinking based on sympathy for all people, both locally and internationally, and the creation of ideas for solving social problems based on practical wisdom. In cooperation with its many graduates, who have the ability to live anywhere in the world, Hosei University will contribute to the future of sustainable societies.

58 年館 1 階の学生ホール（市ヶ谷キャンパス，1990 年頃）

01

for 吉田修一と後藤健二

大丈夫、助けられる

横道世之介の自由

自分を何に役立たせようとするか、についても自由は活かすことができる。それは時に「善」の実践に見えることがあるが、もし善という観念にとらわれているのであれば、それは自由とは言えない。

私は法政大学で近世文学（江戸文学）を学んだ。師は廣末保であった。学部のときに江戸に出会い、大学院に進んで生涯の仕事にした。

廣末保のもっとも大きな業績は「悪」の発見だった。悪場所、悪所場という言い方があり、歌舞伎や文学は悪の一種と考えられていた。近世では「悪」とは善悪の意味だけではなく、過剰なエネルギーのことも意味する。つまり秩序におさまらない、時には理解不可能な活動のことである。

廣末保が専門にしていた作家の一人が井原西鶴*で、その代表作が『好色一代男』である。その主人公の名を「世之介」という。私は大学院生のとき、『芭蕉七部集』と『好色一代男』は繰り返し読んだものだった。江戸文学の方法の神髄がそこにあったからだ。

＊井原西鶴
一六四二―九三年。江戸前期、大坂の浮世草子作者で俳人。生涯俳諧と小説に生き、膨大な作品を生み出す。代表作に『好色五人女』『本朝二十不孝』『日本永代蔵』『世間胸算用』ほか。同時代の圧倒的支持を得、ベストセラー作家として活躍した西鶴については田中優子『世渡り万《よろづ》の知慧袋――江戸のビジネス書が教える仕事の基本』（集英社文庫）を参照。

★吉田修一
一九六八年長崎県生まれ。九七年に『最後の息子』で文学界新人賞を得てデビュー。二〇〇二年には『パレ

だから吉田修一★の書いた『横道世之介《よこみちよのすけ》』という作品のタイトルを聞いたとき、まず思い起こしたのは西鶴の書いた世之介だった。世之介とはまさに、宗教的あるいは権威的な枠にはまらない世俗的人間のことで、それでありながら遊郭という当時の美意識の中心にいて、町人文化全体を見渡している人間の象徴であった。その名前には、「新しい人間」の意味も含まれている。

吉田が使った「世之介」は、歴史的にそういう意味を帯びている。さらに「横道」とは「横道もの」のことで、吉田が生まれた長崎では横着者、横道にそれる者、という意味だそうだ。一方江戸時代では、横着者、横道にそれる者を「傾く者」つまり「かぶき」と呼んだ。今日の歌舞伎はそこから来ている。

吉田修一は二〇〇八年四月一日から二〇〇九年三月三一日まで、この小説を『毎日新聞』に連載し、その後刊行した。二〇一〇年度の柴田錬三郎賞を受賞し、本屋大賞三位にも入賞している。二〇一三年年二月には映画化され、公開された。吉田修一は一九六八年の生まれで、法政大学経営学部を卒業している。横道世之介は一九八七年に大学に入った設定なので、吉田の当時の生活が重なっているであろう。実際に映画のなかでの大学のシーンは、法政大学で撮影された。

ード』で山本周五郎賞、『パーク・ライフ』で芥川賞を受賞。〇七年には朝日新聞連載の『悪人』で毎日出版文化賞、大佛次郎賞を受賞する。現代日本を代表する作家の一人。

『横道世之介』（毎日新聞社、二〇〇九年）

では、横道世之介はその名前のような横着者で不真面目なのだろうか？　それが全く違う。

「あの時、あのお母さんの目、見ましたよね？　あのお母さん、本気で私たちを信じてましたよね。私たちならあの赤ん坊を救ってくれるって。だから決死の覚悟で赤ん坊を私たちに託したんですよね？」　世之介もじっと自分の足元を見つめていた。今、顔を上げて祥子を見れば、涙が溢れそうだった。

小説のこのくだりの「お母さん」とは、赤ん坊を連れて上陸したベトナムのボートピープル*の女性のことである。その赤ん坊を、たまたま海辺にいた世之介と、友人の祥子に託して、その母親は捕らわれて行った。「俺、あれからずっと心配で心配で……」と語る世之介は、決して悪人でも横着者でも遊び人でもない。ちなみに、ベトナム難民がボートピープルとして流れ着くようになったのはベトナム戦争末期の一九七五年以降で、一九七九年がピークとなり、それ以降は減少したとはいえ、一九九五年まで続いた。ベトナム戦争は私の世代の出来事だが、そ

＊ボートピープル
圧政や弾圧、貧困から逃れて亡命するため、小型船で国外に脱出する難民の俗称。とくにベトナム戦争終結後、敗北した南ベトナム政府の関係者や、新しい社会主義体制になじめない人々が大量に難民化し、日本の海岸にも流れ着いた。日本政府は一九七八年以降、人道上・国際政治上の理由から、ラオスやカンボジアからの難民も含めて一万一千人を超える「インドシナ難民」を受け入れている。

の後の難民上陸は、吉田修一の時代にもまだ続いていたのである。

　未だに事故のことをよく想像してしまいます。どうして助けられるはずもないのに、あの子は線路なんかに飛び込んだんだろうかって。でも、最近こんな風にも思うようになったのよ。あの子はきっと助けられると思ったんだろうなって。「ダメだ、助けられない」ではなくて、その瞬間、「大丈夫、助けられる」と思ったんだろうって。そして、そう思えた世之介を、おばさんはとても誇りに思うんです。

　これは世之介の母親が、世之介の死後、祥子に語っているシーンである。横道世之介のモデルは、二〇〇一年一月二六日、JR新大久保駅で線路に転落した男性を助けようとして亡くなった二人の男性、韓国人留学生の李秀賢《イスヒョン》氏（享年二六歳）とフリーカメラマンの関根史郎氏（享年四七歳）のうち、関根史郎氏なのである。*

　関根史郎氏は一九五三年生まれで、吉田修一の一世代前になる。ベトナム戦争、

＊李秀賢氏と関根史郎氏
李秀賢氏（一九七四年生）は韓国の高麗大学からの留学生で、「韓国と日本の架け橋になりたい」という思いを胸に日本語学校で学んでいた。駅のホームに偶然居合わせた関根史郎氏とともにとっさに救助にあたったが、三名とも命を落とすことになった。事故の報道後、日韓両国で大きな反響があり、二人は追悼と顕彰の対象となる。
JR新大久保駅には、今も以下の文面を掲げたプレートが標示されている。——
「カメラマンの関根史郎氏、韓国人留学生の李秀賢氏は、二〇〇一年一月二六日午後七時一五分頃、新大久保駅において線路上に転落した

ボートピープル、中国の文革、朝鮮半島の南北分離、韓国の独裁政権と民主主義への変化までを見てきた世代である。関根氏とほぼ同年代の私は、法政大学の中から、そのような世界をみつめていた。関根氏と同じものを見ていたはずである。

横道世之介は、いわゆる「善人」に見える。しかし理念として善に生きようとしているのではなかった。「大丈夫、助けられる」と思ったんだろう、と母親が語るように、吉田は世之介を、考える前に人の窮地を救う行動に体が動いてしまう人間として描いた。「大丈夫」という言葉が象徴するように、可能性に向かって生きるのを常とする人間であった。いわば自然に、自由に、自分自身であることによって、そのような最期を遂げた人間として描いたのだ。

吉田は線路でのシーンを描いていない。世之介のことは、世之介に接した複数の人間が彼を思い出すという設定で語られていて、映画もそれを踏襲している。救助のシーンを描いたなら、お涙頂戴の英雄映画になったかも知れないが、それを全く描くことがなかったことで、世之介はごく普通の一人の人間になることができた。

ではなぜそういう世之介が横着者、横道にそれる者と評価されるのだろうか。

男性を発見し、自らの身の危険を顧みず救助しようと敢然と線路に飛び降り、尊い命を落とされました。両氏の崇高な精神と勇敢な行為を永遠にたたえ、ここに記します。東日本旅客鉄道株式会社」

おそらく、世間的な成功への路線に乗っていないから横道にそれているのだ。一九八〇年代当時の大学生の多くが、世間的な出世をめざして就活にいそしんでいた時、世之介は別の道にそれた。そして自らのまなざしを、他の方向へ向けた。世之介がカメラマンになるきっかけになった写真があった。

その写真には大きな穴で火葬される犠牲者たちを直立不動でじっと見つめている少年の姿が写っているという。少年はぐっすりと眠り込んだ幼子を背負っている。しかしこの写真が撮られたあと、火葬していた男たちが少年に近寄り、背中からその幼子を下ろして目の前の炎の中に横たえたらしい。幼子はすでに死んでいたのである。少年は長い間その炎を見つめていた。強く噛み締め過ぎて、少年の唇から真っ赤な血が流れていたという。

さらに、世之介が死去した後、祥子に届けられた写真が記述される。「新生児室に並んだ赤ちゃんたちをガラス越しに覗き込んでいる若い男性とおばさんの写真」「どこかの公園をブリキの皿を持って歩いていくおばあさんの後ろ姿」「一本

映画『横道世之介』（沖田修一監督、日活株式会社）

だけ幹から伸びた枝に小さな花びらをつけた桜の写真」「新宿駅東口広場の交番であくびをしている若い警官の写真」――それらを見た祥子が思ったことを、吉田は書く。

知っている人など一人も写っていなかった。どうしてこんなものを世之介が自分に残してくれたのかも分からなかった。ただ、それらの写真を一枚一枚じっくりと見るにつれ、報道関係のカメラマンとして成功していたという世之介が、日本中の、いや、世界中の、絶望ではなく希望を撮り続けていた素晴らしいカメラマンだったのだということだけは、はっきりと、胸が締めつけられるくらいに伝わってきた。

希望を撮り続けたカメラマンは、「大丈夫、助けられる」と思って線路に飛び込んだ。そういう世之介に自分を重ねた吉田修一。私はこのことを思い巡らしている時に、吉田と世之介が、ある人とぴったりと重なった。二〇一五年一月三〇日、シリア領内で殺された後藤健二である。

★後藤健二
一九六七年宮城県生まれ。ジャーナリスト。番組制作会社をへて、一九九六年に映像通信社インデペンデント・プレスを設立。アフリカや中東地域をはじめ、世界各地の紛争地域を独自取

後藤健二の自由

後藤健二★氏は一九六七年生まれで、一九九二年に法政大学社会学部応用経済学科（現・社会政策科学科）を卒業した。在学中にアメリカ留学をしたため、遅い卒業になっている。高校も法政大学第二高等学校である。吉田修一のちょうど一歳年上で、ほぼ同世代と言ってもよい。同じ時期に在学していたはずだ。吉田修一はスイミング・スクールのインストラクターをしながら小説家をめざしていたらしい。後藤健二は卒業後に口立製作所の子会社に就職しているが、三か月で退職したのち、やはりアルバイトをしながらジャーナリストをめざした。企業への正規就職とは異なる、リスクをとる自由が、二人の共通点だった。

映像ジャーナリストの後藤健二は、拘束されている友人を救出するためにシリアに入り、殺された。享年四八歳だった。フリーカメラマンの横道世之介は、見も知らぬ人を助けるために線路に入り、命を失った。（モデルとなった関根史郎氏の）享年は四七歳だった。世之介の恋人として登場する祥子は大学院を出て国連の職員となり、アフリカの難民キャンプで働いている。横道世之介は後藤健二

★ 材し、戦争と暴力に苦しむ難民たち、とくに貧困にあえぐ子どもたちにカメラを向け、弱い立場におかれた人々の目線で報道した。二〇一四年一〇月下旬に単身日本を出国、過激派組織「イスラム国」（ISIL）が勢力を拡大しつつあるシリアに入ったが、一一月頃武装グループに拘束される。人質となった後藤さんたちの映像をインターネット上に公開したISILと日本政府などとのあいだで、一〇日間以上にわたり人質解放交渉が行われたが、二〇一五年二月一日に殺害の報道が流れた。深い悲しみが広がったが、その生き方には全世界から多くの人々の敬意が寄せられた。

を予感したような存在だったのである。

何のために伝える仕事をしているのか？と思う人たちの多い中で、本当にヒューマンな人を認識すると心から嬉しいし、ほっとする。形は違っても、目的と想いは同じ。「無視しない者たち」。

2010. 4. 14 ツイッター

後藤健二の撮影した静止画や動画は、多くの媒体で紹介されることになった。彼が手で示すその向こうにいるのは常に子供たちだった。その著書『ダイヤモンドより平和がほしい』は、シエラレオネの子供兵士を取材した本だが、その背景にはダイヤモンドを巡る攻防があった。ダイヤモンドが国を支えているだけでなく、反政府軍もダイヤモンドを資金源としていて、しかも抵抗する人たちの手足を切り落とす行為を繰り返している。さらに子供をさらってジャングルで兵士に仕立て、五千人以上の子供が戦闘マシーンにさせられているという。後藤健二はそのルポルタージュを、平仮名を多く使った「ですます体」で書いている。子供のために書いたのである。

後藤さんの著書（いずれも汐文社刊）

（二〇〇五年）

（二〇〇七年）

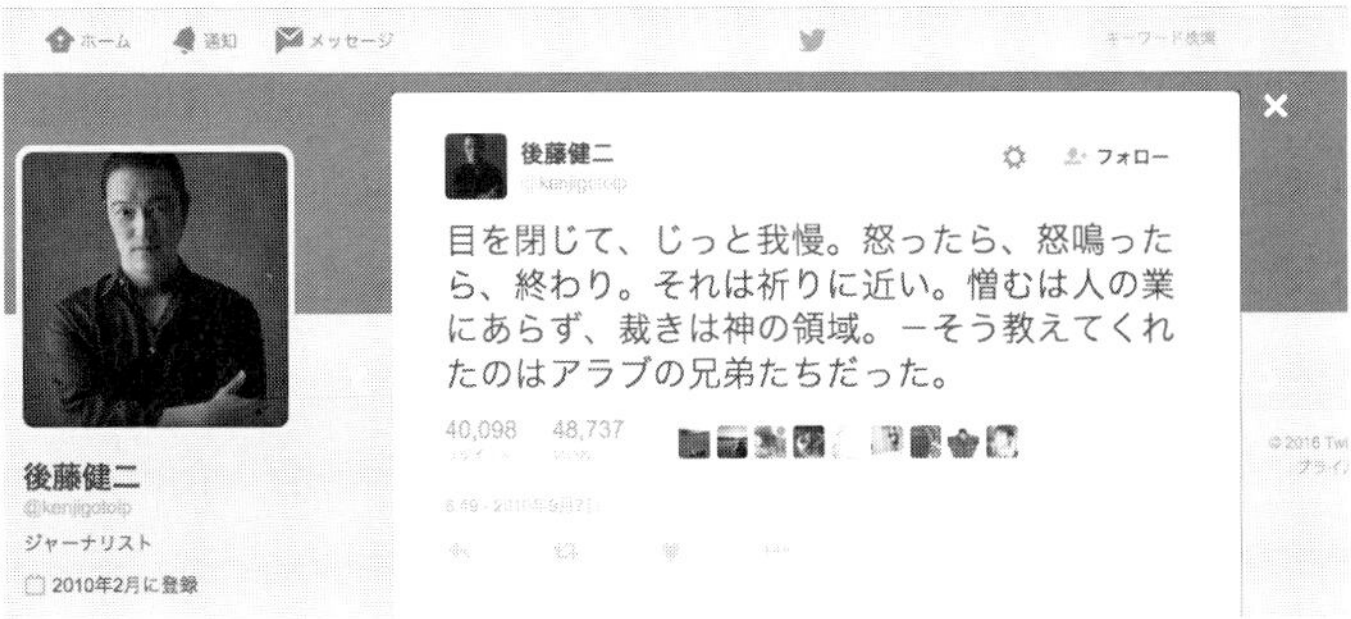

後藤は「無視しない者たち」のひとりだった。決して世界によく知られている対象を取材していたわけではなく、多くの人が知らないまま暴力の犠牲になっている子供たちを「無視しなかった」のである。

目を閉じて、じっと我慢。怒ったら、怒鳴ったら、終わり。それは祈りに近い。憎むは人の業にあらず、裁きは神の領域。──そう教えてくれたのはアラブの兄弟たちだった。

2010.9.7 ツイッター

この言葉は広く紹介されて知られるようになった言葉だ。ジャーナリストは常に冷静でなくてはならなかった。他のツイッターでも「そう、取材現場に涙はいらない。ただ、ありのままを克明に記録し、

（二〇〇八年）

（二〇〇九年）

人の愚かさや醜さ、理不尽さ、悲哀、命の危機を伝えることが使命だ」と書いている。しかし後藤健二はそれを貫くことができない。「つらいものはつらい。胸が締め付けられる」と、つぶやかざるを得なかった。それが、シリアで最期を迎えた原因であっただろう。

のんきに見せかけてずるい日本人。自分も含めて。　2012.8.15 ツイッター

と書きながらも、ずるい日本人として生き通すことができなかった。横道世之介が「横道もの」と自分を捉えたように、後藤健二も、自分を陽の当たる広い道を歩いている者だとは考えていなかったろう。彼らにとって自由とは、多くの人の歩く道を歩かない自由であり、自分自身の基準をもつ自由であり、人の見ないものを見る自由であった。そして、他者のために思わず身を投げ出してしまうことも、彼らの自由の最大の特徴だった。しかしそれはヒロイズムでもなければ自暴自棄でもない。「大丈夫、助けられる」と思っただけなのである。吉田修一がこの言葉を書いたのだが、「大丈夫、助けられる」は、自由という広場に集う

『ようこそボクらの学校へ』（DVD＋ブック、NHK出版、二〇〇三年）

人々の、共通の合い言葉になるように思う。

最期に、後藤健二さんの冥福を祈って、私が二〇一五年二月二日に大学のホームページに出した声明をここに掲載する。

法政大学とその付属校で学び働く皆さんへ

皆さんに、たいへん悲しいお知らせをしなければなりません。

法政大学の付属校（法政大学第二高等学校）と社会学部で学んだ卒業生、後藤健二さんが、誘拐され拘束された末、殺害されたと思われます。これが事実であるならば、総長として、卒業生がこのような経過で命を奪われたことは、実に悲しく耐えがたい思いです。

本学は、後藤さんが本学卒業生であることを把握しておりましたが、極めて難しい交渉が続く中、今まで報告や発言をさしひかえていました。

後藤さんは卒業後、インデペンデント・プレスという映像制作会社を自ら設立し、紛争地域で生きる弱者である子どもたちや市民の素顔を取材し、私たちに伝え続けてきたジャーナリストです。常に平和と人権を希求して現地で仕事をされてきたことに対し、ここに、心からの敬意と、深い哀悼の意を表します。

いかなる理由があろうと、いかなる思想のもとであっても、また、世界中のいかなる国家であろうとも、人の命を奪うことで己を利する行為は、決して正当化されるものではありません。暴力によって言論の自由の要である報道の道を閉ざすことも、あってはならないことです。

法政大学は戦争を放棄した日本国の大学*であることを、一日たりとも忘れたことはありません。「自由と進歩」の精神を掲げ、「大学の自治」と

*戦争放棄と大学
阿利莫二《ありばくじ》総長（第一四代総長、一九八八年一二月〜九五年三月）の呼びかけにより、九三年一二月、全国二七〇校の私立大学の総長・学長が学徒出陣五〇年にあたって、世界の平和と人類の福祉への貢献に関して共同声明を発表した。また二〇一三年一二月、「学び舎から戦場まで――学徒出陣70年 法政大学の取り組み」シンポジウムでは、増田壽男総長（第一八代総長、二〇〇八年四月〜二〇一四年三月）により、「平和への誓い」が読み上げられた。

社会学部のある多摩キャンパスの円形芝生（2号館屋上）

「思想信条の自由」を重んじ、民主主義と人権を尊重してきました。さらに、日本の私立大学のグローバル化を牽引する大学として、日本社会や世界の課題を解決する知性を培う場になろうとしています。その決意を新たにした本学が、真価の問われる出来事にさらされた、と考えています。

なぜこのような出来事が起きたのか、この問題の本当の意味での「解決」とは何か、私たちは法政大学の知性を集め、多面的に考えていきたいと思います。

まず全学の学生・生徒・教職員が人ごとではなく、この世界の一員として自らの課題と捉え、卒業生としての後藤さんの価値ある仕事から多くを学びつつ、この問題を見る視点を少しでも深く鋭く養って欲しいと、心から願っています。

法政大学総長　田中優子

陸上競技場（多摩キャンパス，2000 年頃）

02

about 為末 大

自分で決めたかった。法政ならそれができた

為末大《ためすえだい》★との対談は、私から申し出た。二〇一四年三月、社会学部長として学位授与式（卒業式）の壇上に並んでいた私は、為末大が話し始めたときに、それまでざわざわとしていた日本武道館が静謐に包まれ、誰もが耳を傾けているその光景に驚いた。卒業式は友達どうしが別れを惜しむ場所なので、終始騒がしいのが当たり前だったからだ。

そのとき為末は、たったひとりで海外の試合に飛び出して行った時の経験を語っていた。何もかも自分でやっていくことに充実感をもっていたが、買い物に出た帰り道、食べ物を道に落としてしまった瞬間、しゃがみこんで号泣したのだという。

日本を代表するアスリートがもっとも弱い自分を語っている。強さの原点を、多くの卒業生たちが感じた

★為末 大
一九七八年広島県生まれ。陸上トラック種目の世界大会で日本人として初のメダル獲得者。男子四〇〇mハードルの日本記録保持者（二〇一六年二月現在）。二〇〇一年エドモントン世界選手権および〇五年ヘルシンキ世界選手権において、男子四〇〇mハードルで銅メダル。シドニー、アテネ、北京と三度のオリンピックに出場。〇三年、プロに転向。一二年、二五年間の現役生活から引退。現在は、一般社団法人アスリートソサエティ（二〇一〇年設立）、為末大学（一二年開講）、Xiborg（一四年設立）などを通じ、スポーツ、社会、教育、研究に関する

のである。自由・自立とは決して楽な体験ではない。しかし自らの弱さを自分自身で知り抜いて生きていくことができるという意味で、至上の体験である。そのことが多くの学生に伝わったであろう。競争に勝つことは、とりあえずの目標でしかない。もっと大切なのは、自らを自らで制御し決断し続けていく自由なのだった。

それを生涯に渡って続けていくことができれば、そこに自由の意味をとことん知る「世界市民」が存在することになる。日本が、そして世界中が、自ら考えて決定することのできる市民で満ちていたら、私たちの世界は確実に変わるであろう。

為末大は生き方そのものが「自由」と「自立」である。基準は自分の外に置かない。自分の覚悟の中に、生きる指標がある。

「為末さんが法政大学をブランディングするとしたら?」という私の問いに、彼はこう答えた。

「今は「個」としてどうやっていくかが大事な時代だと思うのです。その「個」が集まった集団のなかで、「個」をどう育てていくか。それを法政大学らしいか

活動を幅広く行っている。

たちで出していけたら」と。

為末大は法政大学経済学部の出身の陸上競技選手で、いまだに破られていない男子四〇〇mハードルの日本記録保持者（二〇一六年二月現在）である。現在はテレビ出演や執筆などメディアで活躍する一方、自身の会社の代表取締役でもある。

二〇〇〇年、法政大学在学中に日本学生新記録を樹立し、シドニーオリンピック*に出ている。二〇〇一年、大学四年生で東アジア大会代表に選出され、カナダで開かれた世界陸上エドモントン大会*でも日本新記録を打ち立て、日本人初の短距離種目銅メダルを獲得する。このころのことを著書『走りながら考える』で、「専門的な知識を持っている人に必要なことを聞き、選択はすべて自分でしていた」と書いている。その強さと、選手活動後も続く粘り強い思想の実現の背景は何だったのか、私は大いに興味をもったのである。「自分で決めたかった。法政ならそれができた」――為末大は、なぜ法政大学に入学したのか、と私が問うたときにそう言った。法政大学には、自分で練習内容や目標を設定できる環境があ

＊シドニー・オリンピック　二〇〇〇年の九月～一〇月にかけてオーストラリアで開催された第二七回夏季オリンピック大会。一九九カ国が参加、二八競技三〇〇種目が行われた。日本勢では陸上・マラソンの高橋尚子、柔道の田村亮子、野村忠宏、瀧本誠、井上康生選手らが金メダルを受賞した。

＊世界陸上エドモントン大会　二〇〇一年八月に開催。一八九カ国が参加。日本からは五〇名の選手団が組織され、二つの銀メダルと一つの同メダルを獲得。

つたという。「練習メニューや目指すべき大会を決め、競技内容の分析まで行う」

スポホウ

五輪出場決定!!

為末

タメスエ　ダイ
為末　大（経4）

スポーツ法政

http://www.nikkansports.com/univ/hosei/h-menu.html

2000年8月20日
シドニーへLet's号（第119号）

法大ラグビー部ＯＢの店

自分で決めたかった。法政ならそれができた

＊スポホウ　「スポーツ法政新聞会」が年七回発行する新聞。一九八〇年、法政大学内唯一のスポーツ新聞として創刊。製作はスポーツニッポン新聞社内の製造工程を利用し、『スポニチ』『東スポ』等と同じ本格的な環境を有する。営業等の活動はすべて部員が行い、新聞製作に関わる資金は部費・広告・定期購読収入で賄われている。

『走りながら考える』（ダイヤモンド社、二〇一二年）

トラック男子日本人初メダル

世界陸上 カナダ・エドモントン

為末

8月にカナダのエドモントンで行われた世界選手権。日本男子陸上競技界から初めて、トラック種目のメダリストが誕生した。男子四百㍍障害決勝で、為末大（経4）が47秒89の日本新記録をマークして銅メダルを獲得。シドニー五輪で転倒、予選落ちと涙を飲んだ世界屈指のハードラーが、ついに表彰台に立った。

という監督の役割を自分でやってみたかったというのだ。

栄養面や医療面で頼りにしている専門家はいたので彼らに必要なことを聞き、対話をしながら、それを採用するかどうかは自分で決めていた。トレーニングに正解は無いからだ。効果があると聞いたトレーニングをやってみて、筋肉はついても速くはならないことに気づいてやめることもあった。多くの失敗を自ら経験しながら、自分の身体の可能性と限界を知る、という過程そのものが、為末にとっての生き方であった。

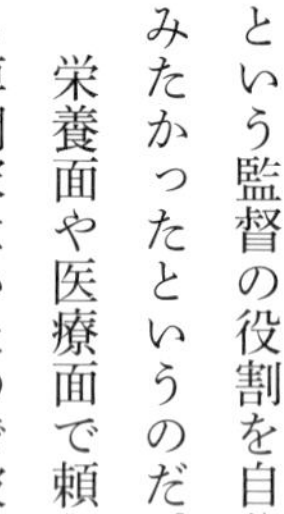

『走る哲学』（扶桑社、二〇一二年）

「「自由と進歩」の精神を大切にする法政大学には、どこか自立をサポートするような気配があり、そこで過ごした時間は僕にとってとても重要な時間だったのかもしれません」と、大学のインタビューで語っている。

大学卒業後、大阪ガスに入社したが退社し、二〇〇三年からは、あえて大きなリスクをとってプロの道に入った。その後、二〇〇五年の世界陸上ヘルシンキ大会でも銅メダルを獲得。アテネオリンピック、北京オリンピックにも出場した。

面白いことに、二〇〇六年九月にテレビのクイズ番組で一〇〇〇万円を獲得し、それを使って「東京ストリート陸上」をプロデュースした。これは、陸上の面白さを知ってもらうために、街中でリアルな陸上競技を見てもらうという催し物だった。実施は容易ではなく、不動産会社、企画会社、出場選手たちと協議を重ねに重ね、ようやく実施したという。

為末にとって自由とは、自分の生活や誇りだけを考えて生きることではなかった。選手として強くなると同時に、スポーツを通して他の人たちもスポーツを楽しみ、自らの身体を知り、自分で制御できるようになり、人とつながり、それぞ

東京ストリート陸上の光景（二〇〇七年五月二七日、丸の内仲通りにて）

れの能力を発揮することができる社会を目指しているように思える。それは、真に自由な社会の構築と言えるだろう。

二〇一二年六月、大阪で行われた日本陸上競技選手権大会を最後に二五年の選手生活に終止符を打ったが、スポーツを社会全体の基盤財産にする活動はとどまることがない。現在は株式会社「侍」を経営し、アスリートの社会的自立を支援するために二〇一〇年に「一般社団法人アスリート・ソサエティ」を自ら設立した。

思い切り自分で考え、試行錯誤する学生の自立を背後で支え奨励する空気は、為末の親ほどの世代である私も、法政大学で感じていた空気であった。管理教育と近代国家のための研究に飽き足らない教授たちが集まった法政大学では、教授が求めた自由が、学生の生き方に投影されていたのであろう。私も為末大も、水を得た魚のように無我夢中で法政大学の時間を過ごすことができたのである。

このことは、他の卒業生からよく聞く「群れない」という言葉に呼応している。私はある会合で、内閣官房長官の菅義偉《すがよしひで》*からもこの言葉を聞いた。菅は集団就職で上京したのち、働きながら法政大学を卒業した。政治の世界にいながら、自ら

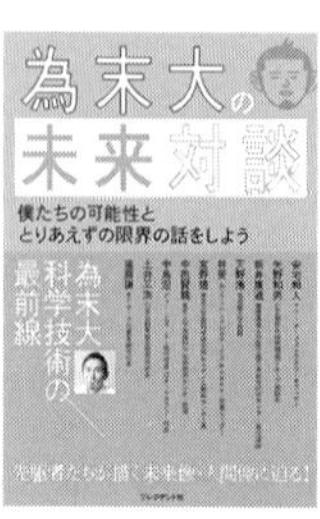

『為末大の未来対談』(プレジデント社、二〇一五年)

*菅義偉
一九四八年秋田県生まれ。自由民主党衆議院議員。上京して就職後、法政大学法学部を卒業。大学の就職部の紹介で議員秘書となり、横浜市議を経て、一九九六年の衆議院選挙で当選後、七期連続で国会議員を務める。第一次安倍晋三内閣で総務大臣、第二次・第三次安倍内閣で内閣官房長官に就任。

考え決断することを信条としてきたという。菅も決して孤立してはいないし一匹狼でもない。広い人脈をもち、まわりには専門家集団もいる。しかし群れないのである。つまり、多くの人と同じ方向を向いて同じ行動をとることに安心する、という生き方はしていないという意味だ。為末もまた、アスリートの常識的な生き方に従ったりはしない。つまり群れない。自分で考え、自分で決める。法政大学とは、そういう人々のつながりを生み出す広場である。

為末のブログに、こういう言葉があった。

「他人からもらう正しい答えは、一時的には人を成長させてくれますが、どこかで限界がきて成長が止まってしまいます。〝学び方〟を体得した人は、ずっと成長し続けます」――そして、走ることを通して子供たちに、学び方を体得してもらおうとしている。為末にとって自由とは、体得した学び方によって自ら成長し続けることである。あらゆる学校が、「学び方を体得してもらう」ことを目標にしなければならない。

為末大学

二〇一二年に開始した、スポーツと社会的な学びとを両立させる教育・研究・ビジネスのプロジェクト。引退後のアスリートのセカンドキャリア問題や、社会・地域にアスリートの経験と知見を活用するための幅広い実践を行っている。

読書する学生たち（市ヶ谷キャンパス，大内山庭園）

03

about 山田耕之亮

大学は僕の「隠れ家」だった

「推理小説研究会に入って、一日二冊のペースで本を読んだり、自分でも書いていました。各大学の関連サークルが集まる〝全日本大学ミステリー連合＊〟という組織がありまして、当時法政は、早稲田、京大と並んで中心的存在でした。ですから、同年代で活躍されているミステリー作家の半分はたぶん知り合いだと思います。ミステリーを一週間で二〇冊ずつ読んでいた人もいましたね。ミステリーを読んで、それから麻雀もしなければならないから、授業に出られなくて……。でも出席調査票は完璧でしたよ！」

これを聞いた私は思わず、「これ、ほんとにHOSEI ONLINEに載せるの？（爆笑）」というとんでもない会話になったのが、山田耕之亮《こうのすけ》★との対談だった。山田さんにとって法政大学は、現実世界から逃避して一時的に隠れていた「隠れ家」だったという。いったいそれはどういうことだろう？

山田耕之亮さんは一九八三年に法政大学社会学部を卒業後、日本料理店での修行を経て父親の会社である「玉ひで」に入社し、一九九八年に八代目を継承した。東京の人形町で「玉ひで」を知らない人はいない。老舗としての伝統を守りなが

＊全日本大学ミステリー連合
一九七五年に結成された、大学のミステリ系文芸サークルの交流組織。当初「慶應義塾大学推理小説同好会」「ワセダミステリクラブ」「青山学院大学推理小説研究会」「立教ミステリクラブ」「法政大学推理小説研究会」「独協ミスティクラブ」の六団体で創立（公式ウェブサイト情報より）。のち西日本の各大学のサークルも合流したが、やがて関西ミステリ連合として独立したため、現在は関東地域のみの団体となっている。

★山田耕之亮
一九六一年生まれ。八三年

らも、毎日のように店の外にできる行列をさばき、日によっては二〇〇〇人を超える客を迎える。「行列のできる老舗料理店」は他に無いだろう。しかし格式張った「日本料理」ではない。玉ひでの名物は親子丼である。さらに言えば、玉ひでは親子丼を売り出す前は、軍鶏《しゃも》鍋で知られていた。軍鶏鍋と言えば池波正太郎*の『鬼平犯科帳*』。鬼平こと長谷川平蔵の大好物だ。しかも密かに仕事を頼んでいる密偵たちと鍋をつつく。というわけで、私が玉ひでを訪れたのは初めてではなかった。『池波正太郎　自前の思想』（集英社）という対談本を出すために、佐高信さんと二回、食事している。

　しかし山田さんは老舗を「守っている」だけではない。継続するためには革新が必要なのだ。「進取の気象」そのままに、ちかごろではコンビニとおむすびの共同開発をおこなったり、プロデュース店も展開するようになり、二〇一二年四月には、東京スカイツリ

法政大学社会学部応用経済学科卒業。人形町の名料亭「玄冶店濱田家」で修業し、二三歳で「玉ひで」に戻る。八代目継承後は、老舗の暖簾を守りつつ、さまざまなプロデュース事業も積極的に展開している。

＊池波正太郎
一九二三―九〇年。昭和を代表する大衆時代小説作家。『鬼平犯科帳』『剣客商売』『仕掛人 藤枝梅安』の三大シリーズで知られる。浅草生まれの江戸っ子であり、劇作家として鍛えた絶妙な台詞回しと、世間の裏表に通じたヒーロー像、市井に生きる人々への温かな視線、食をめぐるエッセーなどで今なお多くの読書家たちの

ータウン・ソラマチに姉妹店もオープンしている。
そういう老舗の主人にとって、法政大学は何だったのか？

私にとって大学は〝玉ひで〟という家業から離れることができる、隠れ家のような存在でした。父も周りの人たちも、高校を出たら店を手伝うように言いました。そうでないと、年下の職人さんたちにいろいろ教わらなければならなくなり、お互いやりにくいですからね。でも私は、卒業したら一〇年は仕事だけに専念するのと引き換えに、大学の四年間は自由にさせてほしいと頼みこみ、四年間は朝から夜遅くまで大学の近くで過ごしました。寝る時間以外は本を読んでいました。そしてその後の一〇年は、ほとんど店を一歩も出ずに働きました。僕は当時のバブルを知りませんし、その間、一滴も酒を飲んでいません。

まさに職人である。しかし山田さんは職人さんであっても、同時に老舗の経営者である。高等教育は受けるべきものだと思っていた。しかし彼はそこに人生唯

人気を博している。

＊『鬼平犯科帳』
一九六七―八九年にかけて『オール讀物』（文藝春秋）に連載された、火付盗賊改方長官の長谷川平蔵を主人公とする時代小説。過去に幾度もテレビドラマ化され親しまれている。

『池波正太郎　自前の思想』（二〇一二年）

一の「自由」を発見したのである。何からの自由だったのか？

山田さんはものごころつく前から周囲に「この子が跡継ぎ」と言われ、幼稚園のころには漠然とそう決めていたという。「私に職業選択の自由はありませんでした。でも、世襲という形が日本の伝統や文化を守ってきたという面もある」という考え方は、江戸時代そのものだ。江戸時代は、農家に生まれれば農民、商家に生まれれば商人と、そうである義務は無いものの、趨勢としては将来がほぼ決まっていた。だからこそ、次の世代によりよいものを残そうと懸命に働き、それが継続につながったのである。「玉ひで」の創業は一七六〇年、まさに江戸時代のなかばである。当時は、継続するために血のつながらない養子を入れることもよく行われた。しかし「玉ひで」は直系で続いているという。老舗の中でも珍しい。

とは言っても、自分が何をするのか、いかなる義務を負っているのか、わかっている人生が目の前にあったのだ。しかも失敗は許されない。そこから隠れるための四年間の「人生唯一の自由」を、山田さんは法政大学という場の中で得ようとした。確かに、「隠れ家としての大学」だったのである。

現在の玉ひで

大学は何のためにあるのか？　この問いは繰り返されている。文科省と企業は、いま、大学に「アクティブ・ラーニング*（能動的な学び）」を通して学生に能力をつけることや、いかなる価値観の人とも対話・交渉できるコミュニケーション能力を磨くことや、グローバル化に対応できる語学力と粘り強さを学ぶことを求めている。専門的な知識だけでなく、幅広い教養をもつことも求められている。

これらのことを達成するには、学生は講義やゼミに必ず出席し、たびたび試験を受け、レポートを書き、評価を得なければならない。教員も大学全体も評価*にさらされ、学生も緊張の毎日を送っている。しかし大学とはそれだけの場なのか？という問いは依然として残っている。大学には多くの出会いがある。今まで巡り合わなかった人や価値観とぶつかって驚き、議論し、理解する場でもある。社会に出たときと同じように、快も不快も涙も笑いも含め、さまざまな思いが湧き出る。今まで読まなかったような本を読み、「つきあい」というものも学ぶ。世界が拡がり、社会問題や世界の問題が自分自身の課題として感じられる。他の学生たちと協力してものごとを達成しなければならないことが多くなり、そのなかでこそ、困難と喜びが共存することもわかる。自分の可能性も見えるが、限界

＊アクティブ・ラーニング　「教員による一方向的な講義形式の教育とは異なり、学修者の能動的な学修への参加を取り入れた教授・学習法の総称」で、「発見学習、問題解決学習、体験学習、調査学習等が含まれるが、教室内でのグループ・ディスカッション、ディベート、グループ・ワーク等」が有効とされる（文部科学省の定義による）。

＊教員の評価　大学の評価現在の大学では「学生による授業評価アンケート」が実施され、教員は受け持つ全ての授業、ゼミの学生から、さまざまな観点で評価される。自由記述欄もあり、厳しい言葉が並ぶことも少

も知る。社会人学生でも、そのような体験を重ねるが、就職活動をする学生たちはなおさら、自らの未来と向き合うことになる。しかし山田さんのように就職活動をしない（できない）人にとっても、一生を過ごすかも知れない職場とは全く異なる時空が四年間存在するのである。現実生活から離れた時空――考えてみれば天空の城のような、そして夢のような時間だ。大学とは、ある人にとっては、生涯ただ一度の自由を実現する、夢の場所なのである。

さて、山田さんにとっての現実はどのようにやってきたのか？　大学卒業後の一〇年間の話は、過酷なものだった。ほとんど外に出ない。友人が誘いに来ても酒を飲みにも出かけなかった。たいへんな集中力で修行していたのだが、それだけではなく、外に出る金がなかったのだという。結婚をして子供も生まれたが、厳しい修行は続いた。そのようにはじめて「玉ひで」を担ったのだが、その後の活躍はまたすごかった。都や国にさまざまな提言をして、まちづくりのアイデアマンにもなっていく。「玉ひで」を確固たるブランドにするために、その謎めいた歴史の解明にも取り組んだ。

「玉ひで」は幕府の御鷹匠《おたかじょう》*の家柄だった。とくに、狩りのあとの包丁式で鶴を

なくない。法政大学はこれ以外に「大学評価室」という部署を設け、自己点検委員会による自己点検と、外部委員を含む大学評価委員会による評価を受け、それを『自己点検・評価報告書』としてまとめている。この報告書は経営部門、事務部門、教学部門に分かれ、さらに近年では外部者のみによるグローバル化の評価を受け、その報告書も作っている。

切る役目だったという。その副業として料理屋を始めたが、一般向けというより武家から注文があったときに応ずる営業形態で、軍鶏《しゃも》を扱ったそうだ。保存方法がないので、直前まで庭で飼うのである。注文があると肉にして武家屋敷に持って行き、その台所で調理する。

そのあたりの仮説になると、山田さんは身を乗り出した。ミステリー作家の血が騒ぐのだ。『鬼平犯科帳』に登場する「五鉄」のモデルは「玉ひで」である。しかし「玉ひで」は出張料理の高級店、「五鉄」はモツを食べさせる庶民的な店である。おかしい。谷崎潤一郎は、「玉ひで」からお取り寄せで食べたというから、それは確かだったろう。そこで山田さんは推理する。料理店の店主は刃物を携えたまま、武家屋敷への出入りが自由だった。「玉ひで」の料理人は軍鶏肉を持って武家屋敷に行き、七、八人分の料理を作る。その時に内臓を持って帰って誰かが密偵たちにふるまうとしたら、「玉ひで」と「五鉄」は両立するのである。文献や周辺情報を集めて、いったい「玉ひで」が江戸時代にどう生き抜いたのか、ぜひ知りたい、そして書き残したいという。私もこういう話になるとつい膝を乗り出す。江戸の武士や町人たちにとって、日本料理は日常生活そのものである。

＊御鷹匠　以下、「玉ひで」ウェブサイト掲載の「玉ひでの歩み」より――「当店は、宝暦一〇年（一七六〇）先祖山田鐵右衛門、御鷹匠の家に生まれ、二七歳の折、将軍家に出仕する傍ら、妻「たま」と共に、「御鷹匠仕事」をもって家業を興し、現在の人形町三丁目に当たる地に屋号を「玉鐵」と称して、軍鶏専門の店を創業いたしました。／御鷹匠仕事とは将軍家の御前にて鶴を切る厳儀に由来する格式の高い包丁さばきでございます。家伝の法は、放血せずに〆た鳥を、血を見せることなく直ちに骨と身に取り分け、肉に手をふれずに薄く切る練達の秘法でござい

まさに生き抜くための食事がどのように調達されたのか、話は尽きない。ちなみに今の「玉ひで」は、軍鶏鍋の「五鉄」ブランドも生み出し、商品化している。

ところで、親子丼は明治二七年に初めて大福帳（帳簿）に出て来るという。ところが「汁かけ飯のような品のないものは店にそぐわない」と、店では出さずに出前だけだった。それを変えていったところに、行列のできる老舗が存在している。

「変えないために変える。伝統というものは頑なに守ろうとしてはだめで、時代に合わせる工夫を重ねることで初めて本当に守ることができる」と言う。これは伝統の鉄則なのである。単に守るだけなら簡単だが、時代に合わせながら本質を見失わずに変えるのは容易ではない。継続しているものには、理由があるのだ。

山田家は、父上も法政大学の出身でバスケット部の監督もなさった。山田さんは高校受験のとき、「ほかの学校を受けてくれ。知り合いが多すぎてかなわないから」と言われながらも法政大学第二高等学校に進み、大学に進学した。気がつけば妹二人も、その夫も長男も、自分自身の連れ合いと長男も、法政出身者になっていた。何かがぴったり来るのだろう。親子丼のように、伝統があるが気取ら

ます。／初代鐵右衛門は将軍家御鷹匠の職を奉じていたため、特定の顧客のみに、その独特の包丁を披露いたしておりました。……」

明治三十年頃の玉ひで

ない、軍鶏鍋のように、生き抜く力に満ちているが、どこかに謎を秘めている。自由を求めているが、良いものを受け継ぎたい。その全体が、自ら決断する「自由」だ。

法政大学という場は、逃げ場所であってもかまわない。いやむしろ、夢のある逃げ場所にしたい。山田さんに会ってから、そう考えるようになった。

法政大学第二高等学校（1981 年頃）

夜の市ヶ谷キャンパス（1992 年頃）

04

about 鈴木直道

無頼ということ

「無頼」とは「ならず者」を意味することもあるが、しかしその字のとおり、つまりは組織に頼らない人間のことだ。自分で考え、自分で進むしかない、そう思い切った人のことである。組織とは、「型」と言い換えても良いだろう。従来通りにおこなう、先例に従う、無事に済ます。こういうことを守らないのが無頼である。

夕張市長・鈴木直道《なおみち》★とは、私が社会学部長時代、学位授与式が執り行われた武道館の控え室で会った。歌手や俳優としてテレビに出ていてもよさそうな甘い端正な顔立ちに、「さぞかしご苦労するだろう」と思った。しかしその鮮烈で強靱な生き方は、顔立ちとは正反対と言ってもよかった。

鈴木直道はかつて東京都の職員で、福祉保健局で働いていた。二〇〇七年、夕張市が財政破綻し財

★鈴木直道
一九八一年生まれ、埼玉県三郷市出身。九九年に東京都入庁。都庁に勤務しながら、二〇〇四年に法政大学法学部法律学科を卒業。〇八年、北海道夕張市へ派遣。一〇年四月には東京都知事本局総務部より内閣府地域主権戦略室へ出向し、同年、夕張市行政参与に就任する。一一月には夕張市長選出馬の決意を固め、都庁を退職。一一年四月に、三〇歳一カ月で（当時全国最年少）市長に選ばれた。一四年には財務省・財政制度等審議会に有識者として参加、人口減少社会を見据えた夕張市での具体的な事例をもとに、国への各種提言を行ってい

政再建団体となった。ピーク時に約一二万人だった市民が一万数千人へと減った。そして、かつて二六〇人いた市職員が百人になったのである。東京都はその翌年、二〇〇八年一月、一人の職員を派遣した。それが、当時二六歳の鈴木直道だった。

鈴木氏は夕張市に派遣されると市民課の窓口業務を担い、さらに観光や市民団体や子供たちのためのボランティア活動に参加した。このことをきっかけに、雑誌『法政』二〇〇九年十二月号のインタビューを受けている。インタビューではこう語った。

夕張市役所では、半減した職員が、賃金も大幅に削減されるなか膨大な仕事に追われています。最低気温が零下二〇度になる極寒期でも、夜は暖房が止められてしまう庁舎で、スキーウエアの上にベンチコートを着込んで遅くまでパソコンに向き合います。労働環境として大いに問題はありますが、そうした中で頑張っている人たちを見ると、公務員の原点ともいうべき姿を感じます。市民も再生の努力を続けていて、映画祭も行われていますし、『ゆうばり桜まっぷ』を作ったり、廃止になっていた『ゆうばり寒太郎まつり』

る。一五年四月、三四歳一カ月で（統一地方選挙全国最年少）市長に再選。

＊夕張市の財政破綻問題　二〇〇七年、夕張市は三五三億円の赤字を抱え、事実上財政破綻した。明治期以降は炭鉱の町として繁栄し、一時期は一二万人近い人口を数えたが、昭和四十年代にエネルギー政策が石炭から石油へと転換するにともなって炭鉱は閉山、人口も激減し現在は一万人以下となっている。「地方公共団体の財政の健全化に関する法律」のもと、現時点で「財政再生団体」とみなされる日本で唯一の自治体であり、多額の赤字返済のために行政サービスが切り詰められ

を復活させたりといった活動も行われています。寒太郎まつりは雪遊びをテーマにしたイベントで、雪の巨大滑り台などが人気を呼んでいます。

困難な状況のもとで懸命に働く職員の姿が、心を打った。全国最年少の市長になった後、二〇一一年一一月一日に、法政大学は「法政学への招待*」という講義で、講演をお願いしている。このとき、夕張市における自分自身の「働き方」についても、「役所は毎年同じことをやるのが基本だが、これから前例は通用しなくなる。そのような厳しいところで頑張っている姿こそ輝く」（要約）と述べている。「報酬七〇%カットで人の倍働いている」とも明かした。これはボランティア時代と都からの派遣時代に彼が見た、夕張市職員の姿だった。彼はその職員や市民に寄り添い、困難を共有し、同じ働き方を選んだのである。

なぜ東京都職員としての立場を捨てて、鈴木直道はこの困難を選ぶことができたのだろうか。「法政学への招待」の講義のあとのインタビューで彼は、「法政大学でのたいへんだった大学生活を考えると、まだまだできる」（要約）と述べている。極寒のなか、遅くまで働き続ける夕張市職員の姿は彼の生き方のモデルだ

ている。

＊映画際
一九九〇年に第一回が開催された「ゆうばり国際ファンタスティック映画祭」。「SF、ホラー、ファンタジー、アドベンチャー、アクション、サスペンス等」の映画を対象とし、「まだ見ぬ新しい才能の発見・育成や、映画による世界各国間の文化交流・相互理解の促進を通じて、市民、映画人、観客の三者のコミュニケーションによる出会いの場を提供する」ことを目的としている（公式ウェブサイトより）。

「法政学への招待」講義（二〇一一年一一月一日）

った。しかしそれさえも、法政大学在学中のことを思えば楽だという。いったい、どのような学生生活を送っていたのだろうか。

鈴木氏は経済的事情から高校卒業後、一九九九年に一八歳で東京都職員になっている。しかし法政大学第二部法学部を卒業したのは二〇〇四年だった。つまり都庁で働きながら社会人として、夜間の大学に通っていたのである。

二〇一四年一一月、法政大学の「ブランディング戦略会議」が鈴木氏にインタビューした記録がある。ここではその生活を詳細に語っている。


一年の時に体育会に誘われて、ボクシング部に入部した。一年の必修科目で体育があったが、講義を選択すると仕事の関係上、一日二コマしか授業を受けられないため、体育にはあてられない。スキー合宿だと仕事を休まなくてはならないし、お金もかかる。どうしようかと思っていた時に勧誘があり、「名前をかけば単位がもらえる」と聞いて入部した。入ってみると「練習に毎日来い」と言われた。勉強と仕事の両立に苦慮しながらも、講義終了の二一時三〇分から二三時まで参加した。一年生の時期は走り込みや先輩たちの

洗濯物をスーツ姿で洗っていた。職場には迷惑をかけられないので、残業しないためにも朝は五時台に家を出て、日中は経理の仕事、お昼休みは体力作りのために走っていた。仕事終了と同時に大学に向かって講義を受け、最後は先輩の洗濯物を洗って家に帰るという毎日だった。自覚症状はなかったが、家族には顔色がどんどん悪くなる自分を見て、心配された。記憶にないが、電車の中で過労のため意識不明で倒れてしまったこともある。

現在なら、大学が問題視しそうなこの生活を、しかし彼はやめなかった。それは周囲が彼を支えたからではないだろうか。

生活習慣を変えた方が良いというアドバイスがあり、職場の寮に入れてもらえることになった。二年生になるとボクシングの試合に頻繁に出場することになり、経理業務の決算期と上部機関の検査、学校の試験時期が重なることがあり、相当苦しい状況だった。今でも当時のことを夢に見てうなされて起きることがある。留年ができないプレッシャーの中で続けてきたが、やり

＊法政学への招待
主として新入生を対象に、法政大学の歴史と現状を知ることで、法政で学ぶことの意義を考えてもらおうとする講義。総長による講演のほか、法政出身の他大学教員や卒業生もゲスト講師に迎え、多種多様な角度から大学の意義を解説する。二〇一一年度から開講。

がいのある面白いスポーツだと思い、四年間続けることができた。

仕事をやめない。留年もしない。しかしその中で彼はボクシングを「やりがいのある面白いスポーツ」だと思っていたと言う。誰に強制されたわけでもない。自分の意志で「全てを続ける」という選択をしたのは一体なぜなのか。そう考えてしまうが、それは本人にも答えられないかも知れない。鈴木氏はボクシング部の主将も務め、二〇〇二年度の国民体育大会では、ボクシング競技東京都代表選考フェザー級で準優勝の成績を残している。やみくもに頑張っていただけではないことがわかる。リーダーシップを発揮し、勝利への道筋も計算して練習に望んだのだ。

世界的アスリートとは異なるが、このようなエピソードからも、彼が為末大と同じ意味での「自由」を、自律的に生き抜き、自分を形成していたことがわかる。スポーツでの勝利を手にすることも学位を取ることも、同じことなのである。

法政大学の集まりが札幌であり、色々な方に「夕張大変ですね」とよく言

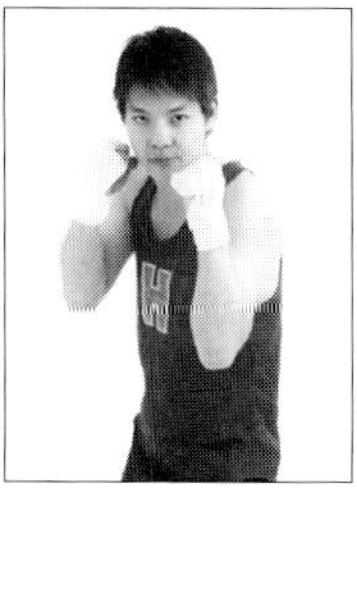

法政大学ボクシング部のユニフォーム姿

われるが、人生の中で一番大変だった時期は、法政大学の学生期だった。今はどんな激務であっても、法政で培われた精神力と体力が今の市長職を支えてくれている。

と語る。このことは、多くの学生に学生時代（あるいは十代二十代）とは何かを教えてくれる。それは、その後の生き方を決める基盤なのである。基礎が強ければその上に建て重ねていく建物はゆるがない。しかしその基盤とは学歴ではない。組織の権威でもない。経験からつかんだ自信である。自由とは自分への信頼、つまり自信があって初めて獲得することができるのである。

その自信を作るには、まわりの教師や大人が大きな役割を果たす。鈴木氏はこのインタビューの続きで、教師のエピソードを述べている。

学業のエピソードとしては、宮崎先生との出会いが一番大きい。千葉の自治体指導をされ、全国的な自治体に関する知識をお持ちであった宮崎先生の初代ゼミ生だった。自分が現役職員ということで、色々な情報交換をすること

二〇〇八年東京都庁にて。夕張市への派遣を命じられ、同僚たちに見送られる

＊宮崎伸光
一九五七年生まれ。二〇〇二年より法政大学法学部教

とができた。元々宮崎先生が夕張の研究をしていたこともあり、夕張に派遣された際に、先生からの紹介で知り合いができ、大変お世話になった。また、東京都からの派遣で夕張市にいた時に、法政大学と夕張市の連携協定を結ぶことになり、今でもやり取りが続いている。

宮崎先生とは、法学部で自治体政策を教えている宮崎伸光*教授である。地方自治総合研究所の研究員から法政大学教授となり、現在は千葉県地方自治研究センター理事長でもある。大学内では、六年間の長きにわたって学生センター長を勤め、その学生への熱意は多くの教員に知られている。

法政大学は机上の学問だけでなく、宮崎教授のゼミのように、日本各地から海外に至るまで、フィールドワークを通して実地に学ばせる実践的な訓練をおこなうゼミが少なくない。しかし二部の学生に対してもその熱意が伝わっていたことは、教師としても容易ならぬ努力をしていたのだろうと思う。自らの理想をもって研究や指導に力を尽くす教員から得るものがいかに大きいか、それは常に学生から教えられることのひとつだ。

授。法政大学学生センター長、学生相談室長などを務める。一三年より千葉県地方自治研究センター理事長。専門は自治制度、消防行政、自治体議会、自治体政策および大学における学生生活支援と正課外教育。

夕張市への派遣の辞令を受け取る

2年2カ月にわたる夕張市への派遣期間終了時には，たくさんの市民に送別された。『幸福の黄色いハンカチ』にちなみ，黄色いハンカチで送り出される（2010年3月30日）。

鈴木直道は、学生が目標を見つけた時に、「伸ばすことができる大学であるのかが大切だと思う」と言い、法政は「伸ばしてくれる大学であったと思う」とも語った。彼は組織に頼らず、自らを律して自分で力を伸ばす「無頼」だったはずである。しかし為末大がその「自由」を発揮する場が必要であったように、鈴木直道にもその場が必要であった。そして具体的な目的に結びつけてくれる実践知を備えた教師の手助けがあったのである。組織に依存しない自由を生きる無頼であったとしても、能力を発揮できるその背後には必ず彼を見守り、それとなく道を指し示す大人がいるのである。その大人たち、大学においては教

『やらなきゃゼロ！』（岩波ジュニア新書、二〇一二年）

員、職員、卒業生を含め、「自由という広場」を提供するのが、これまでも、これからも、私立大学の第一番の役割だろう。
しかし、日本には多くの自治体があり、東京都という仕事場もやりがいがあるはずだ。なぜ彼は夕張に行ったのだろうか。市長になる前の二〇〇九年十二月号のインタビューで、興味深いことを語っている。

こうした活動の中に身をおいていると「公務員としてあるべき姿は何なのか」また「市民として自分に何ができるのか」といったことを深く考えさせられます。住民と直接向き合って仕事をすることは、都庁ではなかなかできないのが現実ですが、夕張ではできます。また、ボランティア活動などを通して、町の人と触れ合いがもてるのも楽しいですね。夜、お酒を飲みながら「昔はこうだった」とか「夕張にはこんないいところもある」といった話をきかせてもらうと、飽きることがありません。

組織に頼らない自由な発想をする人は、何よりも、まずは一人の市民なのだ、

『夕張再生市長』（講談社、二〇一四年）

ということが分かる。自治をあずかる市民として、市民と対等に向き合う。そこに、その地域のもつ長く深い歴史と自然が、その扉を開ける。「話をきかせてもらうと、飽きることがありません」という感じ方は、健全な知的好奇心であり、自分を新しい知に開いていこうとする姿勢であり、これこそが知性なのだ。

なぜ彼はそれほどの思いをしてまで、学生時代にボクシングを続けたのか。その基本にも「面白いスポーツだ」という言葉があった。知性とは知識をもっていることではない。人間と自然、つまりこの世のことや自分に起こるあらゆることを面白がる心であり、結果として知識は豊かになる。市民と対等に向き合う姿勢と、この面白がる心とはつながっている。真の自由を生き抜こうとする市民とは、社会や人のために考え行動する人でもあるが、しかしそれは他者を基準にして他者のためだけに生きる人ではない。自らを超える知の躍動に、心を踊らせる人なのである。それが竹のように柔軟な強さの源泉になる。

鈴木直道は、世界経済フォーラム*が選ぶ二〇一三年の「ヤング・グローバル・リーダーズ（YGL）」に選出され、二〇一五年四月、夕張市長に再選された。

*世界経済フォーラム　一九七一年にスイスのジュネーヴに設立された、独立・公正な非営利財団。「グローバル・シチズンシップの精神に則り、パブリック・プライベート両セクターの協力を通じて、世界情勢の改善に取り組む国際機関」で、「ビジネス界、政界、学界および社会におけるその他のリーダーと連携し、世界・地域・産業のアジェンダを形成」することを目的とする（公式ウェブサイトより）。

55・58年館とボアソナード・タワー（市ヶ谷キャンパス，2010年）

70 年安保闘争（全共闘運動）

05

about 上原公子

憲法記念日に生まれて

鈴木直道が最年少市長だとすると、上原公子《ひろこ》★は東京都で初めての女性市長だった。法政大学の権威に頼らない価値観は新しいことへの挑戦を認める傾向を生み出し、結果的にフロントランナーへと背中を押すのではないかと思う。

著書『しなやかな闘い――生命あふれるまちづくりの試み』（樹心社）によると、一九四九年五月三日の憲法記念日に生まれた彼女に、父上が「公《ひろ》く憲法を伝えていきたい」という意味で公子《ひろこ》と名付けたという。まさに戦後日本の憲法精神の継承を担って生まれたのである。

上原さんには大学の評議員になっていただいたので、頻繁に会っている。さらにHOSEI ONLINE上での対談もお願いした。対談を約束していたその日は二〇一五年五月一日だった。ちょっと汗ばむような温度だ。それでもまだ着物は袷《あわせ》の季節だったので、私も袷を選び、きっと上原さんも袷の着物でいらっしゃるだろうと思った。そのとおりだった。白い涼しそうな紬が初夏にまことにふさわしく、まぶしかった。

★上原公子

一九四九年宮崎県生まれ。法政大学文学部卒。同大学院人文科学研究科中退。その後、主婦として東京都国立市で暮らしながら生活クラブ生協の組織作りに関わり、八九年東京・生活者ネットワーク代表。九一年に国立市議に当選。九三年水源開発問題全国連絡会事務局、九六年国立市景観権訴訟原告団幹事を歴任。九九年の統一地方選挙で三選をめざす現職と激戦の末、国立市長に当選。東京都初（全国でも四人目）の女性市長となり、二期八年を務める。東日本大震災後は「脱原発をめざす首長会議」設立呼びかけ人の一人となり、現在事務局長を務める。

「本題に入る前に、やはり気になるのがお着物（笑）。私は長野の飯田紬を着てきましたが、上原さんは？」

「今日は、山形の白鷹紬。この板締め染めという技法は間もなく消えてしまうかもしれません。私は戦う女としてすさまじいイメージをもたれていますが（笑）、実際はこうした文化をとても大切に考えていて、壊すためではなく守るために戦っているんですよ。」

（樹心社、二〇〇八年）

私はこの日、社会学部卒業生で飯田市出身の陶芸作家、故・北一明*さんが保存なさっていた「くるみ染めの飯田紬」を着ていた。北氏の姉上が反物を私に寄贈して下さり、それを仕立てたものである。対談の数日前に仕立て上がり、この日初めて袖を通した。北一明氏の作品「泉—不戦の誓い」は現在でも社会学部棟前にある。

＊北一明
一九三四—二〇〇二年。法政大学社会学部を卒業後、料理人をしながら独学で陶芸を学ぶ。新しい技術で作品を生み出し、国内のみならずニューヨークや上海で個展を開く。国際的に高い評価を得、各国の美術館に作品が収蔵されている。

「実際はこうした文化をとても大切に考えていて……守るために戦っているんですよ」という上原さんの価値観を、私も共有している。上原さんの政治へのかかわりの最初は生活クラブ*だった。お子さんの重症アトピーをきっかけに、「自分の分身の命を守り切ることが出発点」だと考え、生活クラブにかかわり、やがてそこから生活者ネットワーク*を自ら立ち上げ、代表となる。それが政界への道を開いた。つまり、政界が先にあるのではなく、生活が先にあった。自分の足下を見た。足下で戦った。子供を守るために、子供の命の問題として、政治に向き合わざるを得なかったのである。

生活とは目の前に展開しているものだけを意味しているのではなく、風土に根ざした長い文化の歴史の結果としてそこにある。その目の前の生活が問題を抱えているのであれば、歴史とそれを受け止めているはずの現在の社会や政治になんらかの問題がある。とりわけ戦後社会は衣食住が課題をはらんでいる場合が多い。環境問題、食品添加物、化学物質――それらが経済成長と引き換えに子供の健康を損ねる。それを避け得ない市場が形成され、そのなかで生きるしかない。しかしそのような経済成長は本来の経済（経世済民《けいせいさいみん》*）とは正反対のものだ。その道

「泉―不戦の誓い」

＊生活クラブ
正式名称は「生活クラブ生活協同組合」。新たな共同社会づくりをめざす生協運動のニューウェーブで、一九六五年世田谷区の主婦たちが作った小さな牛乳購入グループが、現在は二一都

を選ぶかどうかの選択は、政治にある。それを本末転倒の社会だと考えるのならば、それによって選ばれた（あるいはそれを選んだ）政治を変えねばならない。

食の問題から政治への訴えを始めた上原さんだからこそ、工業化以前の方法で織られた一枚の布の価値が分かる。着物への関心が広がっている理由は、決して「日本的」「和のデザイン」への市場の視線ゆえではない。むしろその前から、ものづくりと環境の問題は注目されていた。衣類もまた環境のひとつであり、住宅とともに健康をそこなう要因になり得るからだ。そこに、前近代から持ち越されてきた、自然との関係によって成り立つ技術の、現代的価値がある。上原さんはそのことをもっとも大切にする人だ。

「日本文化の美しさがとても好き。文化は人が生きる上で大切。土の中から生まれてきたものだからです。だから私は作る人に会いに行くの」と。戦後の日本には消えた手仕事の生活が、生まれ故郷の宮崎には生きていた。上原さんの祖母は自ら布を織り、自ら仕立て、つくろいながら何十年も着ていたという。上原さんはそのような手仕事が好きで、自分でも布を織ろうとしたことがある。著書には生まれ育った宮崎のことや、祖父母のいた里のことなどが書かれている。その

道府県、三四万人の組合員をもつ組織にまで成長している。環境や健康への影響を重視した消費財選び、生産者・消費者の直接対話と相互理解による産直・共同購入などを行い、都市型新中間主婦層の組織化に成功してきた。

＊生活者ネットワーク　生活クラブ運動が、市民自治にもとづく地域社会作りの一貫として、ワーカーズ・コレクティブ事業、保育・介護サービス、行政への政策提案運動、地方議会に代表を送る代理人運動などに発展するなか、一九七七年に練馬区で生まれた「グループ生活者」を前身とする。女性や子どもの権利、平和

ような環境を生きた記憶をもつことが、日本を方向づける上で今後も重要な意味をもつだろう。

宮崎では、もうひとつ重要な体験をしている。上原さんの周囲には、まだ外国であった沖縄から留学してくる同級生がいた。彼らが泣きながら語ったことに対し、自分はどうするのか、どう考えるのかを迫られたという。

その後上原さんは一九六九年に法政大学に入学した。一九七〇年に入学した私とは一年違いで、三年間のあいだ、同じ場にいたことになる。しかし一九六九年の法政大学と一九七〇年の法政大学ではかなり空気が異なっていたことが、対談でわかってきた。上原さんはほとんど授業を受けられなかったが、私はまだ、バリケードやロックアウト*があったにせよ、授業でさまざまな体験をしている。一方、運動の面から言えば、一九六九年の法政大学は運動に活気と希望があったが、一九七〇年の法政大学(および他大学)はセクト*の力が強くなり、内《うち》ゲバによるテリトリー争いという退廃の中に入って行った。上原さんが、社会を憂える純粋な友人たちに多大な影響を受けたことも、対談のなかからわかってきたことである。

「私は彼らが生命をかけてやろうとしていることが何か、当時はよくわかって

72

や環境を重視する市民運動型政治に取り組み、区議会・都議会に女性議員たちを生み出しながら、八八年には「生活者ネットワーク」に組織再編、現在は東京の地域政党として重要な一角を占めるようになっている。

＊経世済民
「経済」は、近代になって西洋語のエコノミーを日本語に訳す際に作り出された語。元来は「国や世の中をよく治め、人々を苦しみから救うこと」を意味する漢語である。

＊ロックアウト
もともとは労働争議で、雇用者側が労働者の争議行為に対抗するために、工場や

いなかった。しかしあるとき、とても仲の良い友人が護送されていくのを見て、彼女の思いを背負わなければならないと感じました。また、素晴らしくまじめで純粋な同級生から、ノンポリと称して無関心でいることは卑怯だ、問題から逃げ

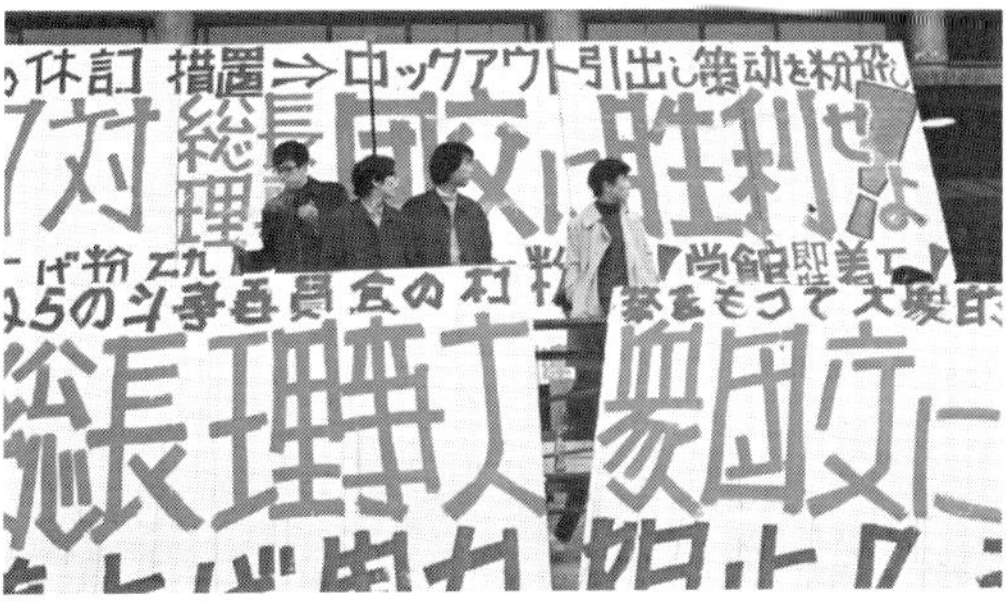

作業所を一時閉鎖して労働者を閉め出すこと。

＊セクト　日米安全保障条約改定をめぐる、当時の岸信介首相への反対運動であった一九六〇年の安保闘争後、運動を率いていた諸組織は分裂する。しかしベトナム反戦運動などを通じ、六〇年代末にはあらためて学生運動が昂揚し、さまざまな組織が全国の大学を舞台に「全共闘」と呼ばれる新左翼運動を繰り広げた。それらはやがて、主義主張の違いによるセクト（党派）間の暴力闘争（内ゲバ）を引き起こす。内ゲバは、日本の市民運動を衰退させた。

ずに決断せよ、そう突きつけられたんです。暴力的な革命ではなく、私なりのやり方で引き継ごう……それが後の社会運動につながったことは確かですね」と上原さんは語る。「突きつけられる」という体験は、この時代の多くの学生の体験であった。「自分はどうするのか」を常に考えることになる。それぞれが自分のやりかたで担わねばならなかった。その経験が後の自分を創っていったという意味では、上原さんも私も同じである。

しかしその後すぐに政治の世界に飛び込んだわけではない。上原さんは学生結婚した。家はさまざまな学生が集まる議論の場になった。卒業時には、鎌倉時代に中国から渡来してきた清拙《せいせつ》正澄《しょうちょう》と小笠原貞宗*の関係を書いた日本史の卒論が、大学の代表に選ばれて関東の卒論大会に出たという。このテーマには驚いた。しかし同時に、上原さんが一貫して、日本の文化に対して深い敬意をいだいていることがわかる。上原さんが鎌倉時代の卒論を書いているとき、私もまた、江戸文化研究にめざめていたのだ。

そして大学院に進学する。宗教哲学を学ぶために早稲田大学や東大の講義にも出る。「いろんな大学の専門の先生のところに押しかけて、緑の黒髪の大学荒ら

＊清拙正澄と小笠原貞宗
清拙正澄（一二七四―一三三九）は中国・元の時代の僧で、北条高時の求めに応じて来日、建長寺などに住し、禅宗の発展に寄与した。小笠原貞宗（一二九一―一三四七）は信濃守護の武将で、禅に帰依し、清拙正澄を招いて開善寺を建立した。

しがいるというウワサが広まっていました。法政、一橋、農工大……。聴講生でなく盗聴生です」と笑う。「環境、都市計画、地方自治、法律、憲法と、いろんな大学にこっそり忍び込み、さんざん勉強三昧をさせていただきました。例えば、農工大では地球化学や生態学、一橋大では環境経済学。運動をやっていると、道路問題で都市計画とか、水質問題で地球科学や生態学とか、勉強したいことがたくさん出てくるんですが、本や講演会ではわからない。それで、社会学から化学まで、雑学的に広く学ばせていただきました」と。

上原さんの「大学荒らし」は有名で、多くの大学の教師たちにその存在は知られている。法政大学にもたびたびいらしていて、とりわけ五十嵐敬喜《たかよし》＊名誉教授のもとで学び、さまざまな共闘もしてきた。論文も書き続けた。水質問題の論文で受賞し研究者の道を勧められることもあったが、しかし上原さんは、それは自分の道ではない、と判断する。さまざまなことを学びながら、やがてパズルが組み合わさるように、上原さんの内部でそれらが結晶するようになった。ひとつのテーマを研究するのではなく、世の中に関係するあらゆる足下のテーマが、上原さん自身の生きるテーマだからである。

＊五十嵐敬喜
一九四四年山形生まれ。六六年早稲田大学法学部卒。弁護士、都市政策学者。法政大学法学部教授をへて名誉教授。公共事業の見直しや都市計画・景観保護に関する法的問題の第一人者であり、『都市計画　利権の構図を超えて』『議会　官僚支配を超えて』『公共事業をどうするか』（岩波新書、小川明雄との共著）など一連の著作は九〇年代以降の日本の行政に大きな影響をもたらした。国民主権の原則に基づいた「市民の憲法」のあり方を提唱していることでも知られる。

市長になってからも、書くことはやめなかった。論文を書いてきた経験がとても役に立ったという。市長にはあらゆる情報が入ってくる。それを、書きながら整理をする。下水道の問題ひとつとっても、論文を書いた経験からすべてに対応することができた。裁判になっても、相手を説得するために、さまざまな側面を知っていなければならない。だから勉強した。原発という問題が起きれば、それについても勉強した。生きている限りあらゆる課題が押し寄せてくる。そこに学ぶことの価値がある。「学ぶということは、生きていく上で必要な多様な要素を作ってくれる」という。

しかしそれでも、市長立候補の決断は容易なものではなかった。そして上原さんは、今まで何のために市民運動を続けてきたかを考えた。「今までの運動は子供に良いふるさとを残すためにやったのではないか。しかしあらためて考えると、実現したいことを訴えるばかりでした。要求するばかりではいけない。そうであるなら、自分が首長になることで、その責任をとらねばならない」——そして、市長選出馬の要請を受けた。「東京で前例のない女性市長、議会は圧倒的に保守、だれも当選すると思ってなかったんですよ。ただ、街宣でのとくに女性の手応え

＊東京都初の女性市長　「開発より環境」を訴えて初当選後、「国立マンション問題」として知られる景観論争に深く関わる。景観を大切にしたまちづくりを重視するとともに、二〇〇〇年には「国立市平和都市宣言」を市議会に提案し可決されるなど、平和と人権のための積極的な施策を進めた。やがてその政策が評価され、二〇〇六年の『日本経済新聞』「素顔の東京　街イメージ調査」では、国立市は「子どもを育て上げたい街」「安全な街」で一位、「文化的な街」で三位、「景観が美しい街」で五位、「高齢者や障がい者に優しい街」で六位となるなど、高いラ

から、私だけは当選するのではないか、と感じていました」。見事当選。東京都初の女性市長*が誕生する。

市長室には，赤ちゃんから高齢者までひっきりなしに来訪。「ドアオープン」を標語に，時間があるかぎり市民と対談した

その後のご活躍はよく知られているところ。上原さんのような、自治を守る首長が増えてくると、国もおいそれとなぎ倒すことはできなくなる。

「でも、市長になって初めてわかったことですが、国の締め付けは本当に巧妙なんです。私の場合は議会も反対多数でしたから、言いたいことを抑えて妥協しないことには予算も一切通らなかった」「首長が政府の指示待ちでは、命にかかわります。原発も有事法制も同じ。それこそが

ンキング結果を得ている。

平和都市宣言記念イベントではNPO「小さなつばさ」の子供たちから、国立の子供にアンネのバラを寄贈してもらい、街中に植えた

イラク戦争派兵反対デモには毎週参加

足下の問題です。特別交付金で縛ったり、さまざまな妨害もある。戦い続けるのはたいへんで、首長は予算が通らない結果になれば妥協してしまうのです。いざというときに、首長の判断が非常に重要になる。予算という人質がとられていると、言えないこともある」と、その難しさも実感した。市長の八年間、自分の本質が試されたという。議員時代にも「ものすごく勉強して、練りに練った質問で、答弁する市の職員に恐れられました（笑）」。

　この過酷な日々に、「大学荒し」で養った実践知は支えだった。大学は、全体を捉える力を養う上で重要な場所だったという。

「私の場合、結果的に、市長として物事を総体的・俯瞰的に見る目が養われていました。もちろん、市長になればなったで、勉強することは増えましたけどね。大学通いは、人脈づくりという収穫も大きかったですね。いろいろな施策を、先生方に手伝っていただきました」。

――大学とは、そういうところでもあったのか！と、この上原さんの言葉で驚きとともに気づいた。「いろいろな施策を、先生方に手伝っていただきました」という大学の使い方は、大学が学ぶ場であるだけでなく、社会のリーダーとともに理想を実現する場であり、そのような場として捉え直す必要があると思ったのだ。

「自由という広場」は、「行動の場」でもある。

横から見た 55・58 年館（市ヶ谷キャンパス）

06

about ミサコ・ロックス

ニューヨークの漫画家とグローバル大学を語った

ニューヨークの漫画家ミサコ・ロックス★、日本名・高嶋美沙子さんと出会った。ある日私が出演中のラジオ番組のスタジオに、本学卒業生でもある生島企画室の社長、生島隆さんが突然やっていらして、私はミサコ・ロックスという人の存在を知ったのだった。ミサコ・ロックスさんは、日本では生島企画室に所属しているのである。

そして、おめにかかった。エネルギーに巻き込まれるような対談。その後、「私たちは何を話したのだろうか」と自分に問いかけた。明確だった。私はあの日、「大学は何のためにグローバル化しようとしているのか」を、彼女と語り合ったのだ。それは、お題目としてのグローバル化とは違う、実際に起こったことの結果を目の前にしての対話だった。わくわくした。ミサコは言う。

実はある映画スターに会いたくて、中学のときに、留学ができる大学を調べたんです。まだまだ選択肢が少なかった時代ですが、その中で法政は制度がとても充実していて、奨学金が支給されるものもあり、ここしかないと思

★ミサコ・ロックス 一九七七年、埼玉県生まれ。二〇〇一年法政大学文学部卒。ニューヨーク（NY）在住。法政大学在学中に奨学金派遣留学で渡米。卒業後人形師を目指してNYに単身渡るも、上手く行かず挫折を繰り返す。中学校の美術講師、ホームレス（！）などを経て、二年間の努力の末コミックアーティストとしてデビュー。ディズニーハイペリアン出版社から二作出版。自信の初恋・留学体験を綴った *Rock and Roll Love* はNY公立図書館が選ぶベスト・ティーンズ・ブックリストの一冊になる。英国漫画誌『DFC』の連載作品が英語教科書に

いました。それからは法政一筋で猛勉強、高校で英文学科の推薦枠を獲得し、入学後も、大学の制度を目いっぱい利用させていただきました。

ミサコが言うとおり、法政大学は留学の先進的な大学である。彼女が留学したのは二〇〇〇年度のことで、その後の二〇一四年度に、法政大学は国のスーパーグローバル大学創成支援*の対象となった。二〇一五年度の日本の四年制国公私立大学の数は七八二校。スーパーグローバル大学創成支援に採択された数は三七校。四年制国公私立大学のなかのわずか四・七％である。

これは一〇〇年以来の長い歴史の積重ねが結果したものだった。法政大学は一九〇四年に清国留学生法政速成科を開設している。法律の知識を求めるアジアの人びとのために作られた制度で、日本語のできない留

採用。全米の小中高校大学やメトロポリタン美術館などで精力的に講演会を開催。雑誌『日経ウーマン』のウーマン・オブ・ザ・イヤー二〇一〇年の一人にも選ばれ、安倍総理夫妻がNY訪問した際「NYで活躍する日本人女性文化人五人」の一人として懇親会に参加。"If you put your mind to it, you can accomplish anything" をモットーに全米・日本の皆にマンガで表現し講演で伝えている。

*スーパーグローバル大学創成支援
文部科学省主導のもと、国際競争力の強化に取り組む大学の教育環境の整備支援を目的に公募された事業で、

学生を受け入れていたのだ。戦後は早くも一九七七年に国際交流センターを設置し、留学生を送り出すようになった。二〇一五年二月のデータで、本学から海外への留学生数は約九九〇名。留学する学生の数は毎年、全国の大学のなかで常に三位から四位である。

とりわけ特徴的なのは、それぞれの学部の特性に沿ったSA（スタディ・アブロード）という制度である。一九九九年に設立された国際文化学部*が英語圏のみならずドイツ語、フランス語、ロシア語、中国語、スペイン語、朝鮮語各圏へのSAを必修とし、それが他学部に広がっていった。法学部は、オックスフォード大学での短期研修Hosei Oxford Programme、人間環境学部は、海外で環境問題の見聞を深めることを目的とした海外フィールドスタディ、現代福祉学部にはイギリス、デンマークなどの福祉先進国での海外福祉研修制度、社会学部は一年、半年のSAのほか、ドイツ語、フランス語の海外短期留学制度がある。スポーツ健康学部は、スポーツ健康学の知識を深める海外課外研修をおこなっている。その他の学部もSAを実施しており、それとは別に、大学が奨学金を支給する一年間の派遣留学もある。単位認定し、最大で一〇〇万円の奨学金を出している。私

採択された大学には事業遂行のための補助金が支給され、他の採択大学とも協力して日本の大学の世界的なプレゼンスを高めていくことが求められる。法政大学は「スーパーグローバル大学創成支援（タイプB：グローバル化牽引型）」に採択されたが、その構想は「課題解決先進国日本からサステイナブル社会を構想するグローバル大学の創成」をめざし、自然環境、経済社会、文化の持続可能性を推進する研究と教育に取り組んでいる。

＊国際文化学部
異文化間のコミュニケーションや文化の相互理解に不可欠な知識とスキルを学ぶ

費留学における単位認定や、国際ボランティア・国際インターンシップもある。
一九九九年に、ＳＡを必修とする国際文化学部が開設され、二〇〇八年には全ての講義が英語でおこなわれるＧＩＳ（グローバル教養学部*）が開設された。ミサコはそれらに間に合わなかったが、文学部英文科に入って法政大学の留学制度を利用したのである。
さて、そこでミサコは何を体験したのか。

二〇〇〇年、私が留学中に学んだのは、なにより自立心や価値観の広がりでした。語学のための留学でしたが、目の前のアメリカ人の学生の多くは、学生ローンを組んだり奨学金をもらったり、自分の責任で大学に来ていた。アメリカ人たちがインターンをしながら、やりたいことをつきつめていた姿を見たのです。それに引き替え、私は両親にオンブにダッコ。その自立心に圧倒され、彼等のように生きたい、彼等と対等にアメリカで勝負したいと思ったのです。

学部。「情報文化コース」「表象文化コース」「言語文化コース」「国際社会コース」の四つのコースを軸に、バランスのとれた国際社会人の養成を目的としている。

＊ＧＩＳ（グローバル教養学部）
現代世界の多様な文化的・社会的現象を、グローバル化のなかで世界が直面している課題として捉え、その分析と解決の道を領域横断的に、世界基準の知的能力で探ることのできる人間の育成を目的としている。

大学のグローバル化がもたらす第一の意味。それは留学する日本人学生が、自ら考え、決断し、責任を取るという、市民としての「自立のモデル」を目の当りにすることである。まさにそのことを体験したのだった。

大学生の自立とは、単に経済的なことではなかった。ミサコはここで「インターンシップ*」という仕組みも知った。今でこそ法政大学には、海外インターンシップの制度がある。派遣留学生も現地でインターンシップを体験する。しかし当時、大学で本格的なインターンシップはあまり体験できなかった。しかもアメリカのような、夏休み三カ月や一年にわたるインターンシップは、まだ日本の企業では歓迎されていない。

ミサコが見たのは、大学生のありかたにとどまらなかった。九歳でもインターンをさせ、一二歳で立派にアシスタントをつとめる子供もいる。漫画家になると、ミサコのインターンシップをさせてもらえないかと子供や親が申し出たことがあったという。小中学校の年齢で仕事の経験をするのだが、これは親から離れておこなう「教育」であって労働ではなく、給与は支払われない。高校卒業後に一年ほどインターンシップを経験して大学に入ることもある。

＊インターンシップ　一般には、「学生が在学中に自らの専攻、将来のキャリアに関連した就業体験を行うこと」。国内では、文部科学省が九六年から大学等でのインターンシップの実施状況を調査しているが、その後短期・長期の就業体験を導入する企業数は急速に増えている。一方、法政大学グローバル教育センターでは、「国際ボランティア・国際インターンシップププログラム」を実施している。「これは学生が海外での様々な体験を通して世界を違う視点から見ることで、グローバル人材を養成していくプログラム」であり、「国際ボランティアを通じて国際社会に貢献する

このような様々な体験を経て自立を獲得した大学生たちと一緒に勉強する経験は、なるほど日本人留学生にとって衝撃的なことだろう。ミサコは留学先で、社会人学生とディスカッションする経験もした。「まったく違う。圧倒される」と。しかしそれを自分の問題として捉える学生もいれば、そうでない学生もいる。ミサコは、一緒に留学した日本人学生たちと会わないようにしたという。これほどの自分への厳しさは、どこから出てきたのだろうか？

三年間みっちり勉強しました。なかでも「クリエイティブ・ライティング」のダイアナ・コー*先生にはお世話になりました。とても厳しい方で、「クリエイティブ・ライティング」がなかなかできず、最初は自信がすっかり打ち砕かれましたが、あきらめずにコツコツ頑張れば認められるという体験をさせてもらいました。それが、その後の人生で大いに生きています。実は最近、先生がメディアで私を見つけて、メールをくださったんです。ミサコの作文は、観点が面白かったので覚えている、と。感激でした。中国語の先生も極めて厳しく、それでできるようになりました。中国語が面白くなっ

活動を外国人と共に行ったり、また外国人と直接交流することで、文化や言葉の壁を越えた理解を深めながらコミュニケーション能力を養い、海外に積極的にチャレンジしていく学生を育てる」ことをめざしている。

＊ダイアナ・コー
香港生まれ。香港大学修士課程、スタンフォード大学大学院博士課程修了。法政大学国際交流センターのフェローシップを得て来日、一九九六年より非常勤講師。その後第一教養部専任講師、法学部教授を経て、二〇〇八年、立ち上げから関わったGIS（グローバル教養学部）教授に就任。二〇一五年度より学部長。

て、アメリカ留学中に中国語をもう一度やったんです。英語だけが語学ではない、と思えたので。

ミサコが、留学中に出会った人たちを自分のモデルにできたのはなぜか？　その理由のひとつは、「彼らのように生きたい」という共感だった。それは国際ボランティアのような短期留学でも起こる。スリランカ人が大好きになった、留学先の国のことが気になってしかたないなど、留学を機会に共感を抱くことは頻繁にある。それは自分の生活の中では出会わなかった価値観との出会いであり、それを契機に、異なる価値観を知るべきだ、知ることがとても面白い、という自己の広がりにつながる。

そして、出会った人たちを自分のモデルにできたもうひとつの理由は、「自分にもできるかも知れない」という可能性の発見であった。それをミサコは法政大学で得た。ダイアナ・コー教授はのちに、全ての講義が英語でおこなわれるＧＩＳ（グローバル教養学部）の学部長になる。フロントランナーの教員は、フロントランナーの学生を生む。

ミサコは学生時代、留学のために土日も使って猛勉強している。大学には必ず、強制されなくても自主的に勉強する学生がいる。その理由のひとつは、知ること自体が面白くてしようがないからであり、ふたつめには、目標に到達する自分の可能性を信じることができるからである。どちらも、教員の態度が深くかかわっている。成績が思わしくなくとも、「コツコツ頑張れば認められる」という体験から、「コツコツ頑張ればできる」と学生は気付く。教師が「認める」ことが、とても大切なのがわかる。同時に、教員が自分の研究や学問を心から面白がっていれば、それは伝わる。法政大学の「自由の広場」には、確かにそのような教員が多いのだ。

ミサコは留学から戻って、卒業論文を書くことになった。なんと卒論は、一九世紀アメリカのニューヨークで「ハドソン・リバー派」と呼ばれ、風景画を描いたThomas Cole*についての英語論文だった。理由は、「クリエイティブ・ライティングを留学先で発展させたから」であったが、すでにその中には「ニューヨーク」というキーワードが入っている。ミサコはその後ニューヨークで仕事をし、今でもニューヨークのブルックリンに暮らしている。

＊トーマス・コール　一八〇一—四八。イギリス生まれのアメリカの画家。同時にロマン主義と自然主義の流れを汲み、アメリカの野生的な自然の詳細なリアリズム的描写で知られる。

これだけの勉強をしていれば、大きな企業に就職もできた。ではなぜ、卒業後、彼女は日本を離れたのか？

　日本でミュージカル『ライオンキング*』を見て、アクターより「かぶり物」に惹かれたんです。調べてみると、ニューヨークの若いアーティストたちが作っている。それが、留学先の友人たちの姿と重なりました。彼らは自分の進む道を見つけるために、インターンとしていろんな仕事にトライしていて、しかもその多くがアーティスト系だった。彼らと同じ土俵で勝負したい、裏方・制作をやりたい、という思いがふつふつとわいてきたんです。

『ライオンキング』は一九九八年から東京で公演されている。ミサコが大学在学中だ。こういう場合、人には動機の複合が起こることがある。ここで述べられているように、「アクターよりかぶり物に惹かれた」のが動機だったのか、それともアメリカ、とりわけニューヨークで働きたいと思っていることが「彼らと同じ土俵で勝負したい、裏方・制作をやりたい」という気持ちにさせたのか、ご本

＊『ライオンキング』
劇団四季のミュージカル作品。公式ウェブサイトによると、「太陽煌めくアフリカの大地を舞台に、「サークル・オブ・ライフ（生命の連環）」をテーマとして繰り広げられる」物語。「その歴史は一九九七年、ニューヨーク・ブロードウェイで始まりました。開幕と共に『ライオンキング』は空前のブームを巻き起こし、一九九八年には演劇界最高の栄誉とうたわれる世界最大の演劇賞・トニー賞の中でも最も優秀な作品に贈られる最優秀ミュージカル賞

人にもどちらが先かわからないかも知れない。しかし単に「何かに挑戦したい」という漠然とした動機では、これほど具体的なかたちはとらない。大学入学前からの留学への熱意、目標を達成した努力、そして留学で出会った「自立」という方向、その過程のすべてで、ミサコはアメリカで働く方法を模索し続けていたのだろう。

とはいえ、どうやってアメリカで働くのか？　当時の大学の就職部は、外国の就職先まで範囲には入れていない。ミサコはまずインターンシップという方法をとることにして、自力で探しはじめる。日本からニューヨークの劇団に片っ端から電話し、面接を取り付けたのだ。なぜ電話だったのか。メールは当たり前すぎる。何十通ものメールの一通に過ぎない。そこで、電話することで存在感を感じてもらう。つまり目立つ、という方法を取った。

ここには、キャリアを積む人特有の「戦略」がすでにある。その後もミサコは、「日本人女性はおしとやかというイメージがあって、どうしてもなめられる。私は、アメリカ人の男に負けない、という態度を身につけていますから、まずギャップに驚かれ、でもおかげで、交渉事はスムーズに進みます」という方法で、能

を受賞。その他、最優秀演出賞、振付賞、装置デザイン賞、照明デザイン賞、衣裳デザイン賞の計六部門を受賞し、さらにトニー賞のみならずグラミー賞からドラマ・デスク賞など数々の賞を受賞しました」。二〇一五年七月、国内通算上演回数が一万回を超え、演劇史上類例を見ない作品となっている。

動的、戦略的に人に関わっていった。「世の中には才能のある人がたくさんいて、熱意だけではやっていけないということをコテンパンに思い知らされました」とも言っている。世界の厳しさを留学やインターンシップを通して感じとり、自分の望む道を進むためのしたたかな戦略を使いながら、仕事をし続けているのだ。これも留学中に身につけたことだという。

変わった髪型、変わったファッションをすることでまず目立つ。その結果、アメリカでは「目立てば目立つほど話しかけてくれる」ことを学んだ。話しかけられる、話しかける。当たり前だが、これがコミュニケーションである。そしてコミュニケーションを、自分の戦略とした。

それでもニューヨークに行ってすぐにうまくいったわけではない。著書では、挫折を繰り返したことも、ホームレスになったことも書いている。そして中学校の美術講師などを経て、コミックアーティストとして二作品が出版されると、初恋と留学体験を綴った“Rock and Roll Love”*はニューヨーク公立図書館が選ぶベスト・ティーンズ・ブックリストの一冊になった。教科書にも採用され、小中高校、大学、美術館などで講演会も開催される。『日経ウーマン』の「ウーマン・

『もうガイジンにしました。』（ディスカヴァー・トゥエンティワン、二〇一三年）

『理由とか目的とか何だっていいじゃん！チャレンジしなくちゃ後悔もできない！』（同、二〇一四年）

オブ・ザ・イヤー二〇一〇年」の一人に選ばれる。ニューヨークで活躍する日本人女性文化人五人の一人とされる。

しかし、ミサコの漫画は日本人が思い浮かべるようなものとは少々違うようだ。アメリカ人は暴力シーンや性描写は好まないからである。しかも、決して平凡なものが好きなわけではなく、「オンリーワンの個性」がなければ売れない。しかし売れたらおしまい、というわけにはいかない。ミサコは仕事の継続についても、意識的能動的、そして戦略的に取り組んでいる。

＊『ロックンロール・ラブ』裏表紙には次の紹介文がある——「交換留学生として合衆国にやってきたミサコは、日本とのあらゆる違いに圧倒される——人、文化、消化不良！　けれども、親切なホームステイ先の家族や娘のナタリーのおかげで、すぐにアメリカの高校生活にも慣れていく。そんな彼女の世界は、ある夜、ロックバンドのリードボーカル、ザックと出会ってひっくり返る。ザックは華麗で、その歌にミサコは心酔、傾倒する。が、ザックにはたくさんのグルーピーがいて、浮気がちで、ボーイフレンドとしては信用できない。ミサコは、自分の気持ちを抑え、友達とし

リスクを背負ってでもやりたいという根性がないと、さすがにアメリカでは生きていけない。今もサバイバル、勉強の毎日です。コミックは小さなマーケットで、オタクだけが好き、という分野ですからね。小説を読んでいる人のほうがずっと多い。学校訪問、図書館でワークショップをするにも、何が求められているか常に情報収集しています。

アメリカにも「オタク」がいるので、その熱狂ぶりが情報として目立つのでしょうが、実際はコミック自体は日本ほど読まれていません。中でも私の描くものは、中・高生が対象ですから、まずPTAに受け入れてもらう必要がある。流行を逃さないためのリサーチも欠かせない。アメリカの出版社は何もしてくれませんから、いまだにサバイバル生活です。

名声に安住しない。いや、アメリカで仕事をし続けるには、安住していられないのだ。ミサコは日本人女性であることも、その戦略に組み入れる。「これは、女性がみんな他人に負けまいと気を張って生きているアメリカではもちろん、世界中で通用する強力な武器だと思います」と語っている。「これ」とは、日本女

てつきあうことにする。ところがザックは、ミサコに複雑な態度をみせるようになる。さてミサコは、友情を危険にさらしてでも、自分の本当の気持ちを伝えるべきか？　著者の実体験をもとにした、はち切れんばかりにおかしい初恋のドタバタ話。『ロックンロール・ラブ』は、ニューヨーク公立図書館の「一〇代向け最良図書」リストに選出された」。

性ならではの気配り、目配り、思いやりのことだ。
自分の特質を戦略的に使うことは、その個性への強い自己肯定なしにはできない。そしてそれも、自由を生き抜く重要な方法なのである。

留学するとこんな素敵な出会いがあるよとか、日本人は人種差別を受けることもあるけど、守ってくれる人もいるよとか、自分の体験をもとに、グローバル時代に読む意義のあるものを描きたい。

法政大学は留学制度だけでなく、英語による講義を拡大して、日本語のできない留学生を迎え入れる。すでに一九九七年から、英語で日本文学、社会、政治、経済を教え、日本の文化体験をするＥＳＯＰ*が開設されている。Global Loungeという、多様な民族の人々が、とりあえずの共通語である英語で語り合う場も作られている。一〇年後には、学部生のグローバル体験一〇〇%をめざしている。
法政大学のグローバル化とは何か。それは、ミサコのようなひとりひとりの中に答えがある。私はその、新しい「自由という広場」を作ろうとしている。

＊ESOP　Exchange Students from Overseas Program の略。法政大学グローバル教育センターが管轄する教育プログラムで、法政大学の正規の学部体系からは独立しているが、正規の学部の教授や学生たちも講義に参加するかたちで行われ多くの学部で単位認定されている。

外濠公園（1997 年頃）

07

about 井原慶子

頭と身体の限界で仕事をしてみたい

井原慶子★、世界最速女性ドライバー。いったいどんな人なのか。イメージが湧かない。おめにかかってみると長身で長い髪にピンクのワンピース。とても女性的だ。まるでモデルさんのようだと思ったら、ほんとうに法政大学時代はモデルをしていたという。

それにしても、カーレーサーとはどういう仕事をする人なのか。井原さんは一九九九年にレースにデビューし、それ以来世界七〇カ国を転戦した。つまりカーレーサーとは世界で参戦するスポーツ・アスリートなのである。

二〇一二年には、日本人初、世界女性初で耐久レースの世界最高峰であるWEC世界耐久選手権にフル参戦したという。WECとはWorld Endurance Championship の略で、一年間にイギリス、フランスをはじめ世界八カ国でレースが展開される。もちろんメンバーも世界さまざま。国や民族を超えたチームを編成して、世界で戦うのである。

二〇一四年には、WECのひとつであるル・マンのレースで総合優勝し、世界耐久選手権の表彰台に女性として初めて上がり、ドライバーズランキ

ングで女性としての世界最高位を獲得した。まさにダイバーシティのシンボルである。法政大学は「初めて〜した」人がけっこう多いのだが、その「初めて」のひとりでもある。

車の運転をする女性は多い。最近はバスやタクシーやトラックの運転手にも女性がいる。しかしカーレースの世界ではなぜ、井原さんが「初めて」づくしになるくらい少ないのか？「女性は体力的に追いついていかれなかったのです。カーレースは最も体力を必要とするスポーツの一つです。たとえば、二時間の運転はマラソン二回分くらいの体力を消耗します。当然女性は不利です。しかし私が出てから、可能性を感じた女性たちがたくさん出てきました」という。女性が体力的に不利である状況は何も変わっていないが、それでも女性たちは自分の可能性をその世界に感じはじめている。まさに井原さんがフロント

★井原慶子
一九七三年東京都生まれ。九七年法政大学経済学部卒業。モデルからレーサーに転身。九九年にレースデビュー以来、世界七〇カ国を転戦。二〇一四年にはカーレースの世界最高峰WEC世界耐久選手権の表彰台に女性初で上り、ル・マンシリーズでは総合優勝。名実ともに世界最速女性ドライバーとなる。レース転戦のかたわら、地域の子どもたちへ英語を教える活動や慶應義塾大学特別招聘准教授として教育活動にも携わる。また、自動車産業や自治体と共に環境車のインフラ整備や女性が活躍しやすい環境作りにも力を注いでいる。

ランナーとして引っ張っているのだ。

「大学生のころから、何かに挑戦してみたいと思っていました」と井原さんは語った。不利とリスクをわかった上で、だからこそ挑戦したいと考える女性が出現した、ということなのだ。挑戦は法政大学在学中から始まっていた。

まず、モーグルスキーの選手になった。スキー部は正式な体育会系の部だが、モーグルスキーはサークルである。「なぜ?」と問うと、モーグルスキーは当時の法政で、体育会のスキー部より強い全国トップレベルのサークルだったという。学校に集まっては各地のスキー場に遠征や練習に出かける日々。やがて学生モーグルスキー大会で入賞した実績を積み、将来の大会出場のための合宿、遠征費用を稼ぐ為にモデルのアルバイトを始めた。モデル業は厳しい面接を経てようやく仕事がもらえる。その経験から、卒業時はたいへんな就職氷河期*だったが、就活ではいくつもの内定をもらえたという。しかし法政大学は井原さんにとって、それだけの場ではなかった。

生まれて初めて自由を味わった感じでした。正直、一、二年生のうちはあ

*就職氷河期
いわゆるバブル経済崩壊後の、一九九三〜二〇〇五年頃までの就職難の時期をさす。大学を出ても正規の職に就くことができず、アルバイトや派遣社員の不安定

まり授業には出られませんでしたが、でもその後の二年間に経済学部のゼミが面白くて、社会に出てから生き抜く力に一番影響しているような気がします。課題を発見して、一緒に解決していったことがとても面白かった。さまざまな人がいました。高校生までは同じような人としか会わなかったのですが、大学で一気に出会いが広がって、興味・関心がまるで違う人たちとほんとうに自由に話せた。刺激を受けました。今まで会ったことのない人と自由に語り合い、ゼミでも議論して何かを一緒に作ることがとても面白かった。先生から押し付けられるのではなく、自分たちで課題をつくり、目標を決め、議論し、アイデアをまとめプレゼンをする。そういう勉強が新鮮で、はまっていったんです。教わったというより、育ててもらったという言葉がぴったりですね。

これは、経済学部在学中の経験である。在学中、モデルのアルバイトで、レース場のモデル（いわゆるレースクイーン）の仕事も引き受けた。そのとき初めて、井原さんは「レーシングカーに乗りたい」と思ったのである。モデルでいるより、

な生活を強いられる若者が多く生み出された。「ロストジェネレーション」世代とも呼ばれて社会問題化した。

モデル時代

レースに興味が湧いたということだ。その時は運転免許すら持っていなかったが、レーシングカーに乗ることを夢見て、免許をとる。

レースクイーンのアルバイトで行ったサーキットで、レースの迫力はもちろん、ネジ一本のわずかなミスでも人が死ぬ、という極限状況でのスタッフの仕事ぶりを目のあたりにした時です。それで、人間の頭と身体の限界で仕事をしてみたいと感じました。目標も見えずダラダラ生きてきた中で、メカニックさんがその作業をしている現場を見て、自分も限界に挑戦してみたいと思うようになりました。やっとやりたいことが見つかった瞬間でした。

ゼミで活躍し、モーグルスキーの大会で入賞し、モデルの仕事をしていた。決して「ダラダラ生きて」いたわけではないだろうが、挑戦する精神と充実感への希求が強ければ強いほど、自分をどの方向に向かわせればそれを得られるのか、どこかでずっと考え続けていたに違いない。

しかし卒業の時は就職することを選んでいる。営業職を希望して、順調にいくつもの内定をもらい、ひとつの会社に決めた。しかしとんでもないことが起こった。卒業して四月一日に職場に行ってみたら、「営業はもういらないことになった。他の部署に移ってくれ」と言われたのだ。自ら望んで営業を選んだのである。井原さんは即座に退職する。

モデルを続けた。同時に、芽生えていたレーサーという夢に向かって、行動を起こすことを決意する。運転のインストラクター研修を経てインストラクターの仕事も始めた。そして、レースに出るためのスポンサー探しの営業も。その過程で、「レーサーを目指す以上、モータースポーツの最高峰であるF1*をチームの一員として間近で見てみたい！」と、F1ベネトンレースクイーン・グランプリに応募する。そして、五二〇〇人の応募者の中から選ばれたのである。それが転機になって、ついにレースデビューのチャンスがやってくる。

「あれもだめ、これもだめと言っていてもしかたない。自分の好きなものにチャレンジしてみようと思った。一〇〇人中九九人に笑われながら、四年間訓練を受けつつアルバイトで資金を貯めて、二五歳という遅いデビューになんとかこぎつけました」という。レーサーになりたいと思い始めていた大学時代には、まだ運

＊F1（Formula 1）　国際自動車連盟（FIA）が最大の重量・排気量を規定する一人乗りレーシングカー。毎年、レースは世界各地を十数回転戦し、チャンピオンシップを争う。

転免許証も持っていなかったのである。その井原さんが、一九九九年「フェラーリ・チャレンジ」に参戦し、デビューレースで三位表彰台に上った。その後、イギリスのレーシングスクールに留学し、さらにレース出場を重ねて経験を積んでいく。

井原さんは、三つの大事なことを語ってくれた。時間の大切さ、女性が存在することの意味、そして自由の使いこなし方、である。

「毎回生死がかかるレースというものを経験したおかげで、時間の大切さを人一倍感じるようになりました」と言う。毎日が「今しかない」という生き方になるのだ。生死がかかっているばかりではない。レースそのものが時間の勝負である。だからこそ多様性を受け入れることができたという。一チームで二八カ国の人々が動くので、どのような考えかたも受け入れながらすすめねばならない。何が常識かなどと言っていられず、あらゆる価値観を受け入れられるよう鍛えられる。「あなたは間違えている」などと言っている時間がない。目標はひとつである。人の違いは気にならなくなる。絆と情熱が物事を動かすのだ。

レースは勝負しているだけではない。それ自体が実験と開発の場なのだという。

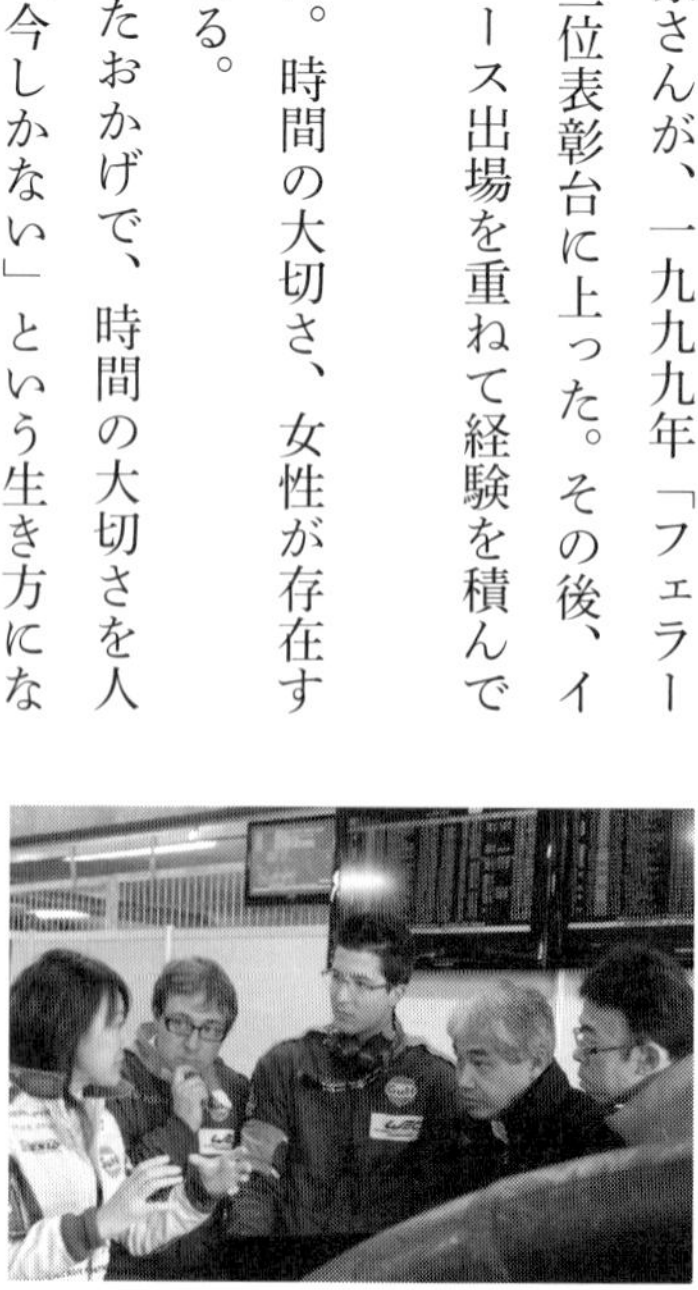

ドライバーは三〇〇キロで走りながらマシンの状態を判断する。そしてエンジニアと情報交換して、一周一周最適なセッティングに変えていく。同じ情報がチームの本拠地・ドバイにも飛び、そこでは次のレースのためのマシン開発を進めている。「重要なのは開発能力だと思います。さまざまな設定や条件で車を走らせてチェックしていくのですが、私は男性が思いつかないような設定を試すことで貢献できるのです」――もはや体力のあるなしではない。マシンの開発に、女性の力が欠かせなくなっている。

レース転戦のかたわら、自動車産業や自治体と、環境車のインフラ整備をしている。そして何より大事な活動が、女性が活躍しやすい環境作りである。

カーメーカーと組んで「人づくり」のプログラムを始めています。まずは裾野を広げるべき時期だという考えから、レーサーに限らず、自動車にかかわる仕事をしたい女性を年齢制限なく募集したところ、一八歳から六八歳まで、何百人もの応募がありました。女性だからとか、年齢制限で働けない日本企業はたくさんある。制度的には整っているのに、「これは女性の仕事で

はない」などと自分でも排除してしまう。女性を活躍させる場を広げようと言っていても、実行する人はあまりいないのです。

日本はとくに、活躍の機会が少ないと感じます。入口ではじかれるだけではなく、入ってからも活躍させてもらえない。わかりやすい例でいうと、女性向けプログラムでは参加者全員が実技訓練もするのですが、そこで誰かがスピンしたとします。今までだと、男性陣が飛んでいってドライバーを助け出して、危ないからと、二度とやらせない。しかし私は、どこが悪かったのかを分析して伝え、成功するまでトライさせる。ここ一〇年、一五年はとにかく女性の人数を増やし、そうやって失敗してもチャンスを与え続けることが大切だと思います。女性が活躍できる制度が整ってきた今だからこそ、制度の先の現場の環境を整えるところに切り込む「挑戦」をし、「実行」するのが私の役目だと考えています。

この言葉は、どんな職種であろうと通じる至言だ。開発に今までにない発想が必要であるなら、ダイバーシティはもはや制度上の課題ではなく、実行するかど

うかの問題である。そしてその鍵となるのは「危ないから二度とやらせない」ことでも、指揮指導することでもなく、「どこが悪かったのかを分析して伝え、成功するまでトライさせる」ことだという。これは教育の基本だ。

「法政にいて、自由でいることが許され、しかも実力をつけてもらった」「教師はあれやれこれやれとは言わず、見ていてくれて支え、軌道修正してくれる。教えてくれたのではなく、育ててくれた」「自由とはもっとも厳しいもの。私はゼミなどの中で自由を使いこなした」と、井原さんは話している。自由とは自らのものであり、教育とは、外から助言しながら、本人が自由を使いこなせるよう導くものなのである。井原さんは法政大学で自由を知ったからこそ、女性たちにそれを伝えていくことができる。

「今自分ができるだけの準備をして臨むこと」「チャンスや運は、今を真剣に生きている人のところへ運ばれてくるもの。そして夢への道は何事も〝素直〟から始まる」「人間一人では何もできな

いけれど、真の情熱を持ってアクションを起こし続けていれば、こうして人から人へとつながり、夢の実現の可能性が増していく」「人はその環境に飛び込んでしまえば、案外順応できるもの。そして願いを口にしてしまえば、自分の潜在意識にも深くその気持ちは刷り込まれ、決意となって目標へ向かう勇気が湧いてくる」「プロになるということは、より繊細に細部に至るまで突きつめること」「人はさらなる大きな目標を持っているとき、今の一歩に全力で臨むことができる」「今までにない不安や緊張、切迫した時間こそが、乗り越えるために用意されたチャンスであり、ステップアップできる最大のタイミング」「望まぬ環境をも自分のものにすることができたとき、次のステージに進むことができる」――これらは井原さんの著書『崖っぷちの覚悟――年齢制限!? 関係なし!』に見える言葉だ。レースに同行しているようにスリリングな本で、実に面白い。

（三五館、二〇一〇年）

総合棟（左）と図書館・研究所棟（多摩キャンパス，2002 年頃）

市ヶ谷キャンパス 中庭（1970 年頃）

08

about 川村 湊

書き続けるフロントランナー

川村湊《みなと》★氏は一九七四年に法政大学法学部を卒業している。私とまったく同じ時期に大学にいたということだ。そのころ法政大学には未来の菅義偉内閣官房長官、翁長雄志《おながたけし》＊沖縄県知事が、やはり法学部にいた。「記憶に残っていませんね。それぞれ、あまり大学には行っていなかったのでしょう」と川村さん。一九七〇—七四年の法政大学はロックアウトを繰り返していたからである。しかしそれでも、当時の学生は別の方法で勉強していた。

自主ゼミと称する学外での授業があったり、面白そうな授業には学部も学年も関係なくもぐりこませてもらったり、あんな時期だったからこそできた勉強がありました。二年のとき、田中さんが師事された廣末保先生の「井原西鶴」のゼミにも通いましたよ。法政でよかったと、あらためて思っています。

大学在学中、川村さんは石母田正《いしもだしょう》＊のゼミに入りたかったという。石母田正は

★川村　湊
一九五一年北海道生まれ。一九七四年法政大学法学部卒業。韓国東亜大学校助教授を経て、法政大学国際文化学部教授。専門は日本現代文学・文芸批評。一九八三年「異様なるものをめぐって」で第二三回群像新人文学賞評論部門優秀作受賞、一九九四年『南洋・樺太の日本文学』（筑摩書房）で第二三回平林たい子文学賞受賞、二〇〇〇年『補陀落』（作品社）で第一五回伊藤整文学賞（評論部門）受賞、〇八年には『牛頭天王と蘇民将来伝説』（同）で読売文学賞（紀行・伝記部門）受賞等。『川村湊自選集』（全五巻）を作品社から刊行。

私もその本を高校生のころから読んでいた歴史家で、多くの学生が影響を受けたはずである。案の定ゼミはあふれかえっていて、川村さんは入れなかった。それもあったのだろう。文学部の授業にずいぶん出ていたようだが、そればかりかゼミにも、教師の許可を得て参加していた。私もよく履修登録していない授業に出たり、友人たちと学習会を開いていたが、その当時はまだ江戸文学に巡り会っていない。川村さんの方が早かった。川村さんの最初の文学評論は、古典から始まったのである。意外なことに、私も川村湊も法政大学で、古典や江戸文学に出会ったことになる。

川村さんは一九八〇年に「異様《ことよう》なるものをめぐって――徒然草論」*で群像新人文学賞を受賞した。後にもさきにも、古典文学の評論でこの賞を受賞した評論家はいない。そしてその直後、一九八一年の『群像』に掲載した「物語の叛乱」*で

*翁長雄志
一九五〇年那覇市生まれ。一九七五年、法政大学法学部卒業。那覇市議会議員、沖縄県議会議員、那覇市長を歴任し、二〇一四年より沖縄県知事。米軍基地の辺野古移設問題をめぐり、安倍晋三政権と鋭く対立している。

*石母田正
一九一二―八六年。札幌生まれ。東京大学文学部国史学科卒業。冨山房、朝日新聞社を経て、戦後の法政大学法学部で教鞭をとる。民主主義科学者協会、日本文化人会議、歴史学研究会で活躍。唯物史観にもとづくその新しい日本史学は戦後の歴史学に大きな影響を与

は、大学院生時代の田中優子の論文「宗貞出奔＊」についても触れている。さらに「戯作のユートピア＊」など、川村さんは江戸文学論を書き続けていた。関心のありどころがわかる。法学部の授業ではなく文学部の授業によく出ていた理由もそこにあった。

当時の法政大学は、一、二年を教える教養部と三、四年を教える学部とに分かれていた。教養部の授業で重要な体験をした学生たちも少なくない。川村さんはそこで、柄谷行人《からたにこうじん》＊と運命的な出会いをする。

　柄谷行人さんの英語の授業を受けたんですよ。試験代わりのレポートがあって、テーマは自由だというので、作家の古井由吉について書きました。先生はそれを取り上げて、「英語のレポートだというのに、こんなことを書いたバカがいる」と（笑）。ただそのあとに、「でも、ちょっと読めたぞ」と言ってくださった。そして成績は、語学科目唯一の「A」でした（笑）。

一九七〇年代の、教養部を中心にしたある種の「ゆるさ」が分かるエピソード

えた。著書に『中世的世界の形成』（岩波文庫）、『神話と文学』（岩波現代文庫）、『歴史と民族の発見』（平凡社ライブラリー）、『戦後歴史学の思想』（法政大学出版局）ほか。

＊「異様《ことよう》なるものをめぐって——徒然草論」「物語の叛乱」「戯作のユートピア」いずれの論考も『異様の領域』（国文社、一九八三年）に所収、のち『川村湊自撰集第一巻　古典・近世文学編』（作品社、二〇一五年）にも収録。

＊「宗貞出奔」『日本文学』一九七九年二月号（日本文学協会）掲載。

だ。当時の教養部には、評論家の柄谷行人、宗左近《そうさこん》*、詩人の清岡卓行《たかゆき》*などがいた。この中で、私や川村さんのような学生は、自分の能力を最大限に伸ばすことができたのだ。カリキュラム制度の中にありながら、そこからはずれた才能さえも受け容れ評価する教師たちの存在が、大きな支えになったのである。まさに「自由」の場であった。しかしこの空気は、学生を二分することにはなった。自分で能動的徹底的に勉強する学生と、放任されて勉強しない学生である。今はそうはいかない。現在の法政大学は教員が自覚的に自由を創造する時代に入っている。「ゆるさ」としての自由ではなく、獲得する自由に向かって「はずれた才能さえも受け容れ評価する」ことが必要なのだ。

　川村さんは大学院に行かなかった。研究するのではなく書き続けたかった。卒業後、中国美術品の販売店で人を募集していたので、大阪まで行って面接をし、中国の骨董や掛け軸を売る仕事について店番をしていたという。さらに水産業界誌記者として働いたのち、群像新人文学賞をとる。そして韓国の東亜大学校で日本語教師になった。日本語で授業をすればよいと言われたが、教室に入ったら誰も日本語がわからない。ひとりだけ分かる学生がいて、通訳してくれてようやく

＊柄谷行人
一九四一年兵庫県生まれ。七〇年代以降、日本の文芸評論と現代思想を牽引し、最前線を走り続ける批評家。法政大学では第一教養部教授として教鞭をとった。八〇年代末〜二〇〇二年までは浅田彰と雑誌『季刊思潮』『批評空間』を編集刊行し、多くの読者の支持を得る。同時代欧米の構造主義・ポスト構造主義の思潮と並走し、マルクス価値形態論を軸に言語・貨幣・建築・ネーションなどを論じることで、近現代日本文学の歴史的意義の再把握、来たるべき政治・経済共同体のあり方をめぐる世界史の理論の再構築などを行っている。著書に『日本近代文

授業が成り立ったという。川村さんは、今では、韓国語の本の翻訳をなさる。

東亜大学校の助教授を経てから、一九九〇年、そのころ私が所属していた法政大学第一教養部に、近代文学の教員として赴任した。一九九五年『南洋・樺太の日本文学』で平林たい子文学賞、二〇〇四年『補陀落《ふだらく》――観音信仰への旅』で伊藤整文学賞、二〇〇八年『牛頭《ごず》天王と蘇民《そみん》将来伝説』で読売文学賞と、法政大学教員になったのち、次々と賞をとりながら近代文学の評論家として知られていった。

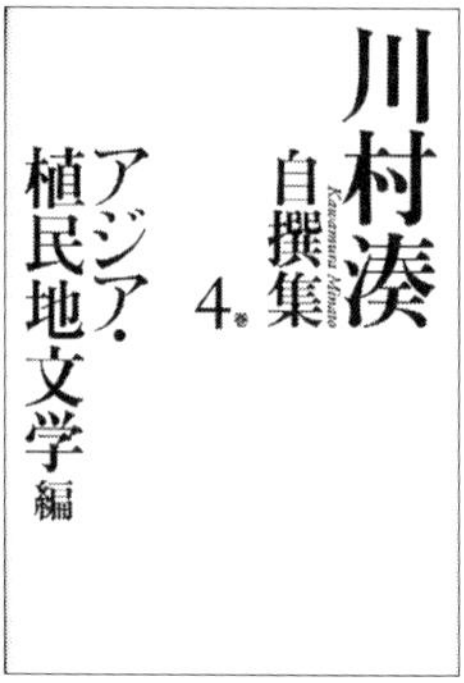

膨大な評論の中から二〇一五〜二〇一六年にかけて、『川村湊自撰集』全五巻が発刊された。「古典・近世文学編」、「近代文学編」、「現代文学編」などがある中で、「アジア・植民地文学編」が、川村さんの評論家および研究者としての、他の誰もできなかった仕事の領域である。

あるときあちらの図書館で、一九四〇年代の、半分朝鮮語、半分日本語と

学の起源』（講談社現代文庫）、『トランスクリティーク』『世界史の構造』（岩波書店）ほか。

＊宗左近
一九一九―二〇〇六年。詩人・仏文学者。法政大学第一教養部、社会学部教授、名誉教授。数多くの詩集、芸術をめぐるエッセー、ロラン・バルトなどフランス文学・思想の翻訳書で著名。

＊清岡卓行
一九二二―二〇〇六年。大連生まれの詩人・小説家。引き揚げまでの青年期を植民地大連で過ごした経験をもとに、戦後詩に大きな足跡を残す。一九七〇年『アカシヤの大連』で芥川賞受

いう不思議な雑誌を見つけたんです。驚いたことに、仮にも文芸評論家である私が、書いている日本人作家の名前にまるで見覚えがない。しかし調べてみると、それらは朝鮮の作家が、創氏改名による日本人名のもと、日本語で書かされたものでした。韓国の文学史では「暗黒期の文学」として意識的に無視されている彼らの作品は、日本人にとっても思い出したくない過去であり、実際に忘れ去られている。それなら自分が、あらためて光を当ててみようと考えたのです。

川村さんはその後、台湾の文学も取り上げた。「日本の植民地支配下の文学ということでは、朝鮮よりたくさん書かれただろうと予想していたら、案の定そうでした。ただこちらは、すでに研究されている方も何人かいらっしゃいましたが。その後、ミクロネシアの文学などにも範囲が広がりました」。

それだけではない。自衛隊や原発を扱った文学も取り上げる。「自衛隊については、三島由紀夫の自決事件*が、市ヶ谷キャンパスの目と鼻の先の駐屯地で、私たちが一年生のときに起こりました。当時はよく意味がわからなかったけれど、

賞。『清岡卓行全詩集』（思潮社、二〇〇八年）など。

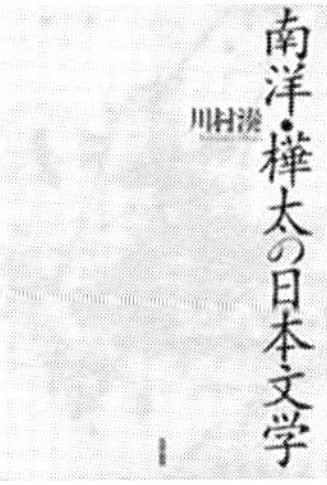

その衝撃はいまの問題意識の源にあるかもしれません」――この体験も共有している。一九七〇年一一月二五日は平日で、大学は何事も無く授業がおこなわれていた。午前の授業が終わって昼休みになるとすでに騒然とした空気が大学に広がっており、ヘリコプターが上空を舞っている。事件の始まりは一一時半ごろだったらしいが、昼休みにはすべてが終わっていて報道機関は報道を開始し、概要は学生である私の耳にまで届いた。ただしその限りだった。決起と言っても、学生運動の集会ほどにも大きくならず、あとを引かず、本当にただの一過性の事件に過ぎなかった。良い思いをしたのはマスコミだけだったろう。

私はその数年後、学部在学中に三島由紀夫『近代能楽集』のゼミ発表をするために三島のほとんどの作品を読んだ。しかしこの事件については詳細を知れば知るほど、社会や自衛隊についての現状分析の皆無、情報収集と計画のずさんさが目立ち、まるで幼い頃に見た旅芝居のようで、文学者とはこんなものかと落胆したものだ。江戸文学を知るに及んでは、三島や「いわゆる右翼」が日本についてもっている知識の浅さに、むしろ気がついた。彼らは基本的に西欧主義者であるから、明治日本のみを信奉しているのだ。

＊三島由紀夫の自決事件　一九七〇年一一月二五日、作家の三島由紀夫（一九二五年生まれ）が私設の民兵組織「楯の会」のメンバー四名を引き連れ、市ヶ谷の陸上自衛隊駐屯地（現在の防衛省本省）を訪れて東部方面総監を監禁。自衛隊に憲法改正とクーデターを呼びかける演説を行った後、割腹自殺した事件。新左翼による全共闘運動を通じて政治の季節が激化するなか、戦後民主主義社会に対する右翼・民族派側からのアンチテーゼの表明であった。

川村さんに戻ろう。二〇一一年の3・11で、川村さんは自宅と地域の液状化を体験した。そのなかで『福島原発人災記』『原発と原爆』を書く。「原発にしても、そこに問題がある以上、文学は目をそむけてはいけない。作品から問題を浮き彫りにするのが評論の役目ですから、だれもやっていないなら私がやらなければ」「誰もやらないのはおかしい、と思うことが多いのです。自分が気がついてしまったら、他の人がやるのを待っていてもしようがない。気がついた以上自分がやる」と語る。古典文学、植民地文学、原発原爆文学、自衛隊文学など、人が触れていない領域に踏み込んで次々と評論し、結果的に道を切り拓いてしまう。まさに法政大学のキーワードである「フロントランナー」の一人である。

川村さんは社会問題を文学で扱っている。なぜなのかと聞くと、「これは法政大学の伝統です」と言う。「在学中に法政大学の教員たちがそうだったからです。文学者たちは常にその時の社会と向き合っていた。それが法政大学の文学研究の伝統だと思っています」と。私も、その影響を深く受けている。

川村さんは法政大学出版局の翻訳シリーズ「韓国の学術と文化」＊でも、記念碑的な仕事を残した。金振松《キムジンソン》著、安岡明子・川村亜子訳『ソウルにダンスホール

（現代書館、二〇一一年）

（河出書房新社、二〇一一年）

＊「韓国の学術と文化」編集委員を五十嵐暁郎・田中優子が務めたシリーズ。韓国の第一級の学術書を翻訳（一九九九―二〇〇八年）。崔章集『韓国現代

を――一九三〇年代朝鮮の文化』の監訳である。「韓国の学術と文化」は全三〇巻を刊行している。日本と韓国の間に新たな知的関わりを築くことをめざして、韓国の歴史・社会・政治経済・民俗・文化・芸術におよぶ翻訳を日韓交流基金とともに企画したシリーズだった。繰り返し韓国に足を運び、日韓のさまざまな立場の人の意見を伺いながら、立教大学の五十嵐暁郎氏が政治経済の選定を、私が文学文化ジャンルの選定をおこなった。とりわけ川村さんが責任を担ってくれたこの一冊は、今でも、一九三〇年代朝鮮を描いた希な本である。日本に専門家のいないこの領域で翻訳者を探すことができず困り果てた私は、大学の外の路上で川村さんをつかまえ、無理やり相談に乗ってもらったのである。このときもまた、「他にやる人がいないようだから自分が」と決断して下さった。

フロントランナーとして、川村さんは大学にも多大な貢献をした。国際文化学部長の時の、学生全員に海外体験を義務付けるＳＡ(Study Abroad)の導入である。

私と川村さんが所属していた教養部は、二〇〇二年度をもって改組消滅することが決まっていた。それに先んじて一九九九年、教養部教員を核にした国際文化学部と人間環境学部が設置された。川村さんは国際文化学部長となった。「その

政治の条件』、李泰鎮『朝鮮王朝社会と儒教』、柳永益『日清戦争期の韓国改革運動』、兪弘濬『私の文化遺産踏査記』、金東哲『朝鮮近世の御用商人』、李光鎬編『韓国の近現代文学』、具度完『韓国環境運動の社会学』、趙恵貞『韓国社会とジェンダー』ほか。

＊清成忠男　一九三三年生まれ。東京大

とき、学生には語学とコンピューターをきっちりやらせなければと思ったのです。しかし語学だけでなく、語学に付随して教えねばならないことがたくさんありました」と語る。しかもその語学とは英語だけではない。国際文化学部のＳＡは、英語圏のみならず、独・仏・露・中・西・韓という諸言語圏への留学を選択できる。七言語圏一〇カ国一六大学に行くことができ、米国で情報処理を学ぶこともできる。日本にやってくる留学生のためには、日本の歴史、社会、文化を理解するための「ＳＪ」つまりスタディ・ジャパン・プログラムがある。

しかし、これらの仕組みを初めて軌道に乗せる道は、容易ではなかった。

学生が世界各地に一度に散らばるわけですから、二四時間、どこで何があるかわからない。携帯電話を貸与されて、かかえて寝ろと言われました（笑）。それで、総長と理事にも、何かあったらいつなんどきでも一緒に飛んでください、と（笑）。幸い、今にいたるまで、大きな問題は起こっていません。

当時は清成《きよなり》忠男*総長時代だった。川村さんが「総長と心中するつもりで」打ち

＊学経済学部卒。法政大学経営学部教授、学部長を経て九六年に総長（二〇〇五年まで）。総長時代には、九九年に国際文化学部と人間環境学部、二〇〇〇年に現代福祉学部と情報科学部、〇三年にキャリアデザイン学部を新設。市ヶ谷キャンパスの新校舎ボアソナード・タワーを二〇〇〇年に竣工するなどの大規模改革を実現した。著書に『地域産業政策』（東京大学出版会、一九八六年）、『日本中小企業政策史』（有斐閣、二〇〇九年）、『21世紀私立大学の挑戦』（法政大学出版局、二〇〇一年）、『現代日本の大学革新』（同、二〇一〇年）ほか。

立てた仕組みと危機管理体制があったからこそ、全学にＳＡが広がっていったのである。国際文化学部をモデルに学部ごとのＳＡや海外研修が次々と設置され、二〇〇八年には英語のみで講義をおこなう「ＧＩＳ（グローバル教養学部）」ができ、「スーパーグローバル大学」につながったのである。

川村湊はフロントランナーである。文学の中に閉じこもるのではなく、常に今の社会に向き合うフロントランナーだ。

第１章で吉田修一、後藤健二について「大丈夫、助けられる」の精神について書いたように、それと同じ精神をもっている。「大丈夫、できる」——この心意気がなければ、植民地文学をはじめとする新しい社会的文学評論の世界はなく、法政大学に各学部独自のＳＡという、個性的なシステムもなかったろう。

市ヶ谷キャンパス（1970 年代後半）

511 教室前（市ヶ谷キャンパス，1970 年頃）

09

about 坂本光司、村田紀敏

実践知の人々

坂本光司★の場合

「勝った、負けたばかり言っていたら殺し合いになっちゃいますよ」――そのユーモラスな口調に思わず笑った。企業組織のありかたを話していたときだった。どういう組織が人を幸せにするのか？　利益追求を目的とする企業のありかたから見て、一見無謀とも思えるこの命題の設定は、しかし結果的に業績の良い会社を生み出している。冒頭の言葉は、組織の中に成果と競争がなくても良いのか？と伺った時だった。答えは明快だった。競争はなくても良い。基準は、社員の満足度が高いかどうか、であった。

法政大学大学院・政策創造研究科の坂本光司教授は、一九七〇年法政大学の経営学部を卒業した。専門は中小企業経営論、地域経済論、福祉産業論。法政大学の中小企業研究所長ならびに静岡サテライトキャンパス長を兼務している。

★坂本光司

一九四七年静岡県生まれ。七〇年法政大学経営学部卒業。静岡文化芸術大学教授を経て、法政大学大学院政策創造研究科教授。専門は中小企業経営論、地域経済論、福祉産業論、同大学中小企業研究所長ならびに静岡サテライトキャンパス長を兼務。日本でいちばん大切にしたい会社大賞審査委員長、人を大切にする経営学会会長、NPO法人オールしずおかベストコミュニティ理事長など、国・県・市の公務も多数兼任。『日本でいちばん大切にしたい会社』シリーズ（あさ出版、二〇〇八年～）、『ちっちゃいけど、世界一誇りにした

という説明をするより、ベストセラー本『日本でいちばん大切にしたい会社』の著者と言った方が早いだろう。この本は五巻まで続いている。その過程で、二〇一〇年より、「日本でいちばん大切にしたい会社大賞」（人を大切にする経営学会共催＊）を開催するようになり、全国に知れ渡った。

徹底した現場主義であることも知られている。企業を知るために訪問調査をおこなう。実際に調査しアドバイスをした会社は七五〇〇社を超える。

そこから選んだ会社は、成功している会社や儲けている会社ではない。その名の通り「大切にしたい会社」なのである。「良い企業とは何か」について、坂本さんは、今までにない全く新しい基準を打ち立てたのである。いったいなぜ、それができたのだろうか？

坂本さんは一九七〇年に卒業している。ということは、もっとも学生運動の激しい時代に在学していたことになる。

い会社』（ダイヤセンド社）、『強く生きたいと願う君へ』（ウェーブ出版）はか多数。

＊人を大切にする経営学会　二〇一四年九月に設立。以下、公式ウェブサイトの「発起人代表挨拶」より――「この度、私たちは「人を大切にする経営学会」を設立いたしました。／ご承知のように、経営学や人に関する学会は数多くありますが、「人を大切にする経営学会」は、経営学者や経済学者・社会学者・医療福祉学者といった大学関係者に加え、第一線の経営者や弁護士・公認会計士・経営コンサルタント、さらには金融機関や自治体等産業支援機関の担当者の参加を得た、

ちょうど大学紛争が激しかったころで、最初の一年半ほどは、ロックアウトで学内にも入るのが難しい状態でした。そんな環境のなかでは、自分なりにまじめに勉強したと思いますが、研究者になろうとは考えていなかったですね。ただゼミで勉強した数理経営学*は、現在でもとても役に立っています。会社の問題に取り組むためには、まずその現状をきちんと数字にして把握しなければなりませんから。

私が対談その他で話を聞いた一九六〇―七〇年代の卒業生すべてにおいて、大学が閉鎖されているから勉強しなかった、という事例は無かった。大学という存在はその物理的な時空にのみあるわけではないことがわかる。大学に所属しているからこそ、たとえ大学の空間がなくとも自由に勉強し、今より限られていた授業やゼミのあいだに複数の教師と重要な出会いを遂げて、その先の基礎となる重要な勉強をしている。坂本さんの場合、その勉強とは数理経営学、つまり現状を数字で把握する方法であった。坂本さんにとって重要なのはイデオロギーではな

かってない学際的・業際的な学会ではないかと思います。／学会の主目的は、「人をトコトン大切にしている企業こそが、好不況にぶれず好業績」という先行研究の深化・体系化と、人を大切にする企業経営の普及にあります」。

＊数理経営学
企業経営を単に財務面や生産面だけでなく、あらゆる経営活動や経営資源を可能な限り数値化・見える化し、より良い企業経営に改革・改善する経営学。

大学紛争中のバリケード

く、現実だったのだ。そして次の課題が目の前に現れた。

卒業して公務員になり、たまたま中小企業にかかわる仕事をするようになって初めて、世の中にはどんなに苦しい思いをしながら仕事をしている人がいるんだということに気づいた。そして、なんとか支援できないかと考え始めました。でも、みんな口をそろえて「構造的な問題だからしかたがない」と言うんですよ。そんなはずはないと、足繁く現場に通い、勉強もし直した。めったに役所にいない、風変わりな公務員でしたけど（笑）、そこが法政人らしいでしょう。

時代は高度成長期＊だった。中小企業が豊かになっていったと思われるが、しかしシワ寄せがいっている企業や働き方も多かったという。まさに、競争にさらされていたのである。それを構造的問題としてしまうと、社会が変わるのを待つしかない。しかし本当は、課題を解決しようと思えば、人が動けば動いただけ道は開けるのである。まさに、自由を生き抜くための実践知を獲得し、あるいは実行

＊高度成長期
一九五〇年代半ばから七三年のオイルショックまでの間、年平均一〇パーセント以上の経済成長率を背景に、科学技術の発達、産業構造の変化、消費の拡大など、社会がきわめて大きく変化を遂げた時期。

する日々なのである。

　企業であろうと学校であろうと、組織は人を幸せにするためにある。学校に行って校長先生から助言を求められることもあります。校長先生の使命はもちろん、教職員が仕事をやりやすいように経営することです。生徒・学生はもちろん大事ですが、学生たちの満足度を高めてもらうためには、教職員が良い状況で仕事ができることがもっとも重要です。教職員にとっていちばん大切なのは学生ですが、校長先生にとっていちばん大切なのは教職員なのです。

親しい経営者や研究仲間と「巣鴨地蔵通り商店街」を調査（前列左）

　坂本さんは「企業の医者」と言われている。医者が治療するためにはデータが必要だ。そこで、アンケート調査をすることが多い。たとえば「月曜日、出社するのが楽しいですか？」という問いである。ある三〇〇人ほど正規社員のいる地方の会社でこれを実施したところ、なんと九五％が「楽しい」と答えた。逆に、組織がいかにもぎすぎすしているところがある。様々見ていると、学生を就職させたい会社もあり、させたくない会社もあるという。坂本さんの調査対象は主に中小企業だが、しかし規模が大きいから良い会社になれないというわけではない。経済産業大臣賞*の候補として推薦する会社を探すときには、周囲の風評も含めて徹底的に調査する。ある会社は、パートを含めて約四〇〇〇人規模の福島県の会社だったが、悪い評価はひとつもなかった。結果的に大臣賞を獲得したのだが、規模は関係がないのだという。

たしかに、大企業は管理型・官僚型の経営になりがちです。でも、「日本でいちばん大切にしたい会社」大賞でも、数千人規模の企業を選んでいますし、決して不可能ではないと思います。そういうところは、部や課を一つの企業のように考えて、ピラミッド型ではなく、いわば中小企業の連合体のような、フラットな温もりのある組織を作っていますね。

つまり良い会社はたとえ規模が大きくとも、中小企業の連合体のようなかたちをとって中小企業的な経営をしているのだ。

研究仲間と一緒に北海道帯広市の六花亭製菓を訪問（右端）

＊経済産業大臣賞
社員や仕入先、さらには顧客や障がい者など、企業に関わるすべての人々をトコトン大切にしている企業を表彰するために創設された、「日本でいちばん大切にし

坂本さんはまず、組織が「あるべき姿」を明確にし、そこからマイナスして「現状」を把握することが大事だという。「あるべき姿も持たず、現状も把握せずに問題ばかり口にするところが多くて困るんですけどね」と笑う。坂本さん自身のもつ「あるべき姿」は明確だ。

会社の目標は通常、業績向上やシェア拡大、要はいかに利益を増やすかということになるのですが、これだと会社の内外に犠牲になる人が出てきます。私が提唱するように、「人の幸せを追求・実現すること」を目標にすれば、だれも不幸にすることはできない。それで「善」のサイクルが回り、結果的に業績も上がるのです。

家族的、あるいは浪花節的経営といってもいい。現に、それが結果的に高い業績につながっている例を、いくらでも挙げることができます。

たとえば、同じ大学を出て同じ能力がある二人でも、一方が障がいのある子供*を持っていたら、よーいドンで競争できませんよね。そのときに会社が、成果で割り切る代わりに、「そのために我らは存在する」と格差を補えるこ

たい会社大賞」の大企業部門最高の賞。主催は「人を大切にする経営学会」で、毎年三月、法政大学を会場に開催されている。

（商業界、二〇一三年）

とが大事なんです。
もちろん、海外から安い製品が入ってくる現在、価格では競争できないかもしれない。でも、そういう会社は、オンリーワンの「質」で勝負できる商品を創造できるのです。

確かに日本では、その営みを続けていったところに老舗が生まれてきた。坂本さんは実際に存在する会社を発見してそれを伝えている。それを聞いた経営者は、業績を追いかけていた自分のやり方の間違いに気づく。「私の本を読んで、なぜ自分の会社がつぶれたかがようやくわかった、という残念なメールもいただきますよ（笑）」。
「あるべき姿」を自主的に持つことのできない会社を、坂本さんは「環境追従型」「景気依存型」と表現する。

よく、「景気はいつよくなりますか」と聞かれますが、「それは、あなたの会社の景気がよくなったときです。だから頑張ってください」と答えます。

（近代セールス社、二〇一〇年）

＊障がいのある子供と職場
『幸せな職場のつくり方』（ラグーナ出版、二〇一四年）では、障がい者雇用のメリットと実際の多様な企業実践とが豊富に扱われている。

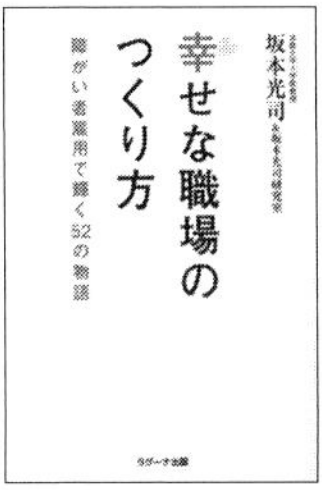

立地のせい、業界のせい、政策のせい、何でも人のせいにする「環境追従型」あるいは「景気依存型」の経営ではだめ。九九％は、会社の仕組みと考え方次第です。同じ条件で成功している企業は、たくさんあるのですから。

このことは大学も同じである。一八歳人口が極端に減り始めるからである。*大学はどこも、もっとも厳しい時代に入る。しかし坂本さんは「世界は人口爆発する」ことに注目する。人口爆発している世界の若者を、留学生としてどう取り込むか。あるいは、社会に出て実際に働くなかで問題にぶつかっている人、熟年以上で仕事が一段落した人などの「学び直し」のニーズに、どう門戸を開くか、を示唆する。大事なことは、商品で言えば「不良品は出さない」こと。つまり、質の高い教育で、学生の能力と人格を可能な限り伸ばすことだ、と言う。「留学生の比率がまだ少ないですね。それと社会人の学び直しです。私の大学院のゼミは六五人もいるが、もっとも若い人が三〇歳です。上は七〇代までいます。ですから大学院の入学資格の問い直しが必要です。入り口の基準を多様にし、出るときを厳しくすればよい」という助言は、もっともなことである。

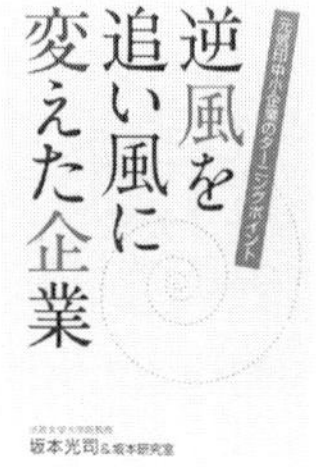

（静岡新聞社、二〇一四年）

＊少子化と大学
日本の大学は現在、入学希望者総数が入学定員総数を下回る「大学全入時代」を迎えつつあるとともに、実際の大学進学者数も減少に向かう「二〇一八年問題」に直面している。すでに約四割の私立大学が定員割れを起こしており、閉校に追い込まれるケースもみられ、各大学が対応を迫られている。

教職員の満足度も、重要な要素だ。法人は理念と方針を出す。それを納得してもらう。それだけでなく、すべての教職員が何らかのプロジェクトに関わるようにすることが、その理念や方針に関わり続けるには大事なことなのだ。「大学は確かに大きな組織ですが、みな大学を良くしたい、という思いは同じなのです」。

私は学生の幸せを一番に考えるべきだろうと思っていたが、どうやらそれは違う。経営者の役割は教職員の幸せを最大限にすることで、そこから、学生の満足度も高まるのだ。

村田紀敏★の場合

村田紀敏《のりとし》氏はセブン＆アイ・ホールディングス*の代表取締役兼COOである。一九六六年に法政大学第一高等学校から法政大学経済学部を卒業し、最初は八幡製鉄の子会社に入社した。一九七一年にイトーヨーカ堂に移り、九〇年には取締役になった。二〇〇三年に専務・最高財務責任者（CFO）を経て、〇五年よりセブン＆アイ・ホールディングスの代表取締役兼COO（純粋持ち株会社の社長）となった。セブン＆アイグループの二〇一三年度の売上は八兆円を超え、連

★村田紀敏
一九四四年東京都生まれ。六六年に法政大学経済学部卒業後、大径鋼管株式会社入社。七一年イトーヨーカ堂入社、同社取締役・企画室長、販売事業部長等を経て、〇三年には専務取締役・専務執行役員・最高財務責任者（CFO）に就任。〇

結従業員数は約一三万五千人にのぼる。

村田さんの話で、印象に残ったものがある。八幡製鉄の子会社に入った時のエピソードだ。「人生の大きな転機になりました」と村田さんは語った。

> 僕は経理部門の採用でしたが、できたての中小企業ですから、あらゆる仕事の流れを最初から最後まで、全部見ることができました。そしてきちんとした研修もありました。その現場研修で工場研修をしなさいと言われ、溶接までやらされました。そして工場の作業がどのように動いているか、「気づいたことを書け」と一枚のボードを渡されました。作業を漠然と見ていては気づかなかったが、ある朝作業に入る前、工員さんが機械を調整していることを書きました。しかし「それは何のためだ？」と聞かれたが、答えられませんでした。すると、「分からなければ聞け！」と怒られ、なんとか聞き出そうと苦労しました。分かったことは、機械はその日の気温や湿度で変化するので直していたのだ、ということです。その答えを持って行ったら、課長にこんなことをいわれました。「君がこれから担当する原価計算というのは、

五年、株式会社セブン&アイ・ホールディングスの設立と同時に現職となる。

＊セブン&アイ・ホールディングス
以下、公式ウェブサイトの「トップメッセージ」（二〇一六年三月現在）より――「セブン&アイHLDGS.は、世界一六ヶ国・地域におよそ五六、〇〇〇店舗、国内に約一九、〇〇〇店舗を展開し、コンビニエンスストア、スーパー、百貨店、専門店、銀行、ネット事業など、多様な業態を擁する世界でも類を見ない流通サービスグループです。私たちは、少子高齢化、女性の社会進出など、社会や生活のあらゆる場面で進行してい

数字をもてあそんでいてはダメだ。数字の向こう側には、それを造る現場の人間がいることを忘れるな」と。そのときの課長の言葉を忘れられません。その言葉との出会いがもっとも大きな体験でした。若いときにどんな人に巡り合うかで、人は変わります。

村田さんは暗記よりも、問題を自分で考えて自分で解いていくことが好きで、数学を絵図に描いて考えるのが、とても楽しかったという。しかし仕事の現場では、数字をメモしただけでは意味はない。数字の持つ意味が刻々と変わるからである。部下には数字そのものではなく、数字のもつ意味や気づきを書いておくように指導しているという。ご自身も「気づきメモ」を携帯し、頻繁に記載するという。数字や単語だけ書いても、後から気づいた時の感覚は出

る変化を、新たな流通サービス創造の機会ととらえ、グループの「第二ステージ」へ向けたさまざまな革新に挑戦し続けています」。

常に携帯している「気づき手帳」と、手帳にメモした内容が整理して書き込まれている「気づきメモ」。

てこないからだ。必ず言葉で気づきを書く。これも現場を頭脳に入れて論理化し、そのことのもつ意味や意義を考え続ける実践知の営みだ。

村田さんは父上を早く亡くし、母上が働いていたので祖母と一緒に長く過ごした。祖母は農家の出身で、毎日、命の大切さや、「今やるべきことは、明日に延ばしてはならない」という親鸞上人の言葉を教えてくれた。村田さんの話には「言葉」に気づかされ、与えられた経験が頻繁に出てくる。

村田さんがイトーヨーカ堂に転職したのは二〇代のころだった。最初の会社も次の会社もすでに確立されたところではなく、これから伸びていく会社だった。「時代の変化に躊躇なくとけ込む適応力があるんだと、自分では考えています。これは企業も同じで、変化が課題を与え、それをチャンスととらえて、組織が一体となって対応できるかどうかが重要です」と言う。

若いうちからいい体験をいろいろさせてもらいました。オイルショック*後の一九七五年の急成長期、資金が足りなくなり、アメリカで初の無担保転換社債を発行しました。その募集要項を作るにあたり、計画書が必要でした。

＊オイルショック　一九七三年、第四次中東戦争を引き金に、石油輸出国機構（ＯＰＥＣ）が原油の生産削減と価格の大幅引き上げを行った結果、石油を主要エネルギー資源とする先進諸国にもたらされた経済危機のこと。日本では、「狂乱物価」と呼ばれるインフレと景気後退が生じた。

手違いもあって、セブン－イレブン、デニーズと本体を連結させた事業計画書を、わずか一週間で作成するという緊急事態になり、三二歳でしたが志願して、それを一人で任せてもらいました。しかも、提出先はアメリカの証券会社だから、英語での作業でした。会社に泊まり込みでなんとか間に合わせ、先方から帰ってきたひと言が「Perfect !」。知識は実践をともなわないと知恵にならないのです。

村田さんはその一週間が忘れられないという。現場での緊急事態に素早く対応する中で鍛えられ、その体験が蓄積され、その成果が地位を作っていく。地位とはそういうものだ。その体験から、村田さんはこれからの大学について、二つの提案をした。

ひとつは、大学在学中の仕事の実践知体験をもつ仕組みを作ることだ。若いころは自信がない。しかしどんな仕事にもノウハウがある。産学協同*でそういう場を提供できれば、実践を通して自信をもち、自信をもつと知識がさらに広がる。そのような場が必要だと、村田さんは言う。いったん実践の場を体験すると、自

＊産学協同
産業界と学校が相互に協力し合い、技術教育の促進を図り、生産性向上に努めること。大学と企業の共同研究、大学への委託研究、企業の商品開発への大学生の参加、企業内職業訓練など様々な形態がある。

1977年ニューヨーク，ゴールドマンサックス本社での調印式。日本企業として初めての無担保転換社債を発行。当時33歳の村田氏（後列中央）は，企画室総括マネジャーとして交渉窓口を担当した。

らの足りなさを知り、それをもう一度実践すると実践知は確実に身につく。六カ月とか一年、インターンシップを体験して再び教育の現場に戻ると、すぐに対応できる能力が身につく。もし実現できると、大学の強みになる、と。

村田さんは、55年館511教室の横にあった「学而不思則罔、思而不学則殆（学びて思はざれば則ち罔《くら》し、思ひて学ばざれば則ち殆《あやう》し）*」が忘れられないという。「学ぶ」ことと「思う（考える）」こと、その達成は、学ぶことと働くことの両方によってなされるはずだ、と考えるのだ。

学生が在学中に働く実践をするだけでなく、すでに働いている人が大学に来ることも、社会では必要とされている。村田さんは「人生で与えられるカードがどのようなカードであろうと、そのカードに真剣に取り組むことで、そのカードが人生の当たりカードに変わる。結果がどうなるかわからないが」と、表現する。真剣に取り組むことの中に、働くことと学ぶことの両方があれば、カードに変化を起こす可能性はさらに高くなる。そこでふたつめの提案は、「社会人をもっと大幅に大学に迎える」ことだった。そこに、企業と大学の連携の可能性が生まれる。

企業が成長できるのは、生活する人がどう満足できるかによって決まる。しかし企業だけで変化の波を越えることはできない。チームを組んで変化に対応しなければならない。量は結果であって、人々が求めているものは質である。企業も学校も質を高めねばならない。協同して一緒に強みをもつことで、ブランドは確実に上がる。

＊「学而不思則罔、思而不学則殆」
現在は法政大学市ヶ谷キャンパス55年館ホールの正面に掲げられている。
「学而不思則罔　思而不学則殆」（『論語』巻一、為政第二）——学んで思わざればすなわち罔し、思って学ばざればすなわち殆し——は大内兵衛元総長の筆になるもので、学問の府としての法政大学の根本理念をよく表し、その目標を指し示しています」（『法政大学80年史』より）。

実践知を生きる基盤にしている人々は、「現場」で学び「現場」で考える。しかしそれだけで良いと思っているわけではない。現場で決断するには、方向性が必要だ。方向性とは思想のことである。それは学び続けることによってしか、保持できない。法政大学はそのような、実践知を生きる基盤とする人々を、育てたい。

授業風景（市ヶ谷キャンパス，1970 年頃）

小金井キャンパス 正門

10

about 竹中宣雄、林高広、安田秀一、富永由加里、石原正康

集うことの意味

ミサワホーム代表取締役社長の竹中宣雄《のぶお》氏★は、一九七二年に法政大学社会学部を卒業した。四〇歳代で取締役になり、ずっとこの大企業のトップを務めてきた。

在学中のことを「生涯で、あれほど自由や自立というものの素晴らしさを感じた時期はありません。発想も自由、行動も自由」と表現する。しかし竹中さんが在学していたのは一九六八年〜七一年である。

「大学はロックアウトされてほとんど学内に入れず、八回あるはずの試験のうち二回しか受けていません」という状況だった。しかし、在学生にとって、大学という場の価値は、授業にだけあるのではなかった。

そのかわり、当時学外のビルにあった先生方の研究室にはよくお邪魔しました。いろいろお話しをしていただくなかで、私の

★竹中宣雄
一九四八年、和歌山県生まれ。七二年法政大学社会学部卒業、ミサワホームに入社。九五年、ミサワホーム取締役就任、九九年に千葉ミサワホーム（現ミサワホーム東関東）社長に就任する。二〇〇四年四月からミサワホーム東京社長、〇七年ミサワホーム専務執行役員を経て、〇八年に同社代表取締役社長執行役員に就任、現在に至る。

＊中野収
一九三三―二〇〇六年。長野県生まれ。法政大学社会学部教授を長年務め、のち

意見を厳しく指導されました。特に、自分で考えて自主的に行動しろ、主体的に動け、ということはよく言われまして、言わば、課題解決能力を養った。その部分は今では私の強みとなっている気がします。そしてなにより、多くの先生や友人たちと常に議論して視野を広げ、大きく成長できた四年間でした。どうしてこんなことを考えるのか、と思うような人を含めて、本当にいろんな人がいましたからね。

「当時学外のビルにあった先生方の研究室」とは、市ヶ谷キャンパスの、現在の法科大学院棟の中にあった、中野収《おさむ》*教授・平野秀秋*教授の共同研究室のことである。当時、個人研究室はなく、最良で二人部屋、学部によっては約十人が同居していた。私もまた、大学院生の時によくこの研究室を訪れ、時には合宿にも同行した。他にも同じように学生の出入りする研究室はあったはずで、「授業がなかったにもかかわらず集う空間と機会があった」と、竹中さんは言う。「群れるのではなく集う。そのような機会を作ることで、今後も絆を強くすることはできるはずだ」と。

名誉教授。メディア論、コミュニケーション論で多くの仕事を残し、後進を育てた。著書に『ビートルズ現象』（紀伊國屋書店、一九七八年）、『若者文化人類学』（東京書籍、一九九一年）、『メディア人間』（勁草書房、一九九七年）ほか。

＊平野秀秋
一九三二年台北生まれ。法政大学社会学部教授、のち名誉教授。専攻は比較文化論。著書に『移動人間論』（紀伊國屋書店、一九八〇年）、共訳書にS・ユーウェン『PR！世論操作の社会史』、A・リード『大航海時代の東アジア1・2』（いずれも法政大学出版局）ほか。

竹中さんは先生から、「お前は大学をやめた方がいい」とまで言われたという。しかし「そこまで言えるような関係だった」と語っている。集うとは仲良くすることではない。受け容れられないこともあり、全く異なる価値観がぶつかり合うことでもあった。そこにこそ竹中さんは「自由」を感じたのである。

異なる状況で「集い」を実現した人もいた。資生堂の執行役員で、クリエーティブ本部長（CCO）として宣伝デザイン、企業文化、資生堂パーラー、ザ・ギンザを担当している林高広★氏である。一九七九年に法政大学経営学部を卒業した。

林さんの場合、大学では「社会とどうつながっていくか」を学び、自立心と起業家精神が身についたという。経営の勉強をかなりしっかりとやりながらも「コーヒー研究会」という不思議なサークルを立ち上げた。コーヒーを研究するのが目的ではなく、そこに集う約一〇〇人もの

★**林　高広**
一九五六年兵庫県生まれ。七九年法政大学経営学部卒、資生堂入社。本社推販部、マーケティング開発室勤務後、九一年新会社ディシラの立ち上げにかかわる。二〇〇三年本社宣伝部長を経て、〇六年ディシラ代表取締役社長就任、一一年資生堂パーラー代表取締役社長、一三年より資生堂執行役員就任。

＊ピアネット
法政大学では、二〇〇七年に学生センターを中心に正式な事業として「ピア・サポート・コミュニティー」（PSC）を立ち上げ、現在では多くの部局にて教職

学生たちの各々の能力を持ち寄り、そのなかでプロデュースと交渉力を鍛えたのである。現在のピアネット*の原型と言ってもよいだろう。大学という場所が「集う」時空を提供し、それを学生たちが自主的に使いこなしていたのである。

集う、と言えばその代表はスポーツチームだろう。法政大学は多くのスポーツで成功してきたが、それだけではなくスポーツ起業家も生み出した。株式会社ドームを創業し、代表取締役CEOを務める安田秀《しゅう》一《いち》氏★である。在学中はアメリカンフットボール部「トマホークス」の主将だった。チームの中にも「自由」という言葉は生きていた。「消費する自由ではなくて、あくまで進歩するための自由、何かを作り出すための自由だと受けとめたんです。それでチームづくりでも、きっちり管理することより各選手の個性を生かすことに重きを置きました」と、主将時代を振り返る。安

員と協働で五〇〇名を超える学生スタッフが活動を行っている。「ピア・ネット」とは、ピア・サポート・コミュニティ（ＰＳＣ）を全学的に発展させ、学生のピア・サポート活動や学生スタッフが参加する各種プログラムの充実と連携を図るための組織である。

★安田秀一
一九六九年東京生まれ、九二年法政大学文学部卒。法政大学第二高等学校入学後、アメリカンフットボールを始め、「トマホークス」の主将として常勝の日本大学を撃破、大学全日本選抜チームの主将も務める。三菱商事を経て、一九九六年に株式会社ドームを創業。九

田さんにとってチームに必要なのは仕組みである。精神論だけで結束を強めてもスポーツは強くならない。さらに、日本にスポーツを育てる仕組みを考え続けている。安田さんは日本文学科の出身で、言葉を何よりも大切にする。人を説得し結束を強めるのは言葉だと言う。

「集い」にはさまざまな型がある。日立ソリューションズ常務執行役員の富永由加里《ゆかり》氏★は、一九八一年に法政大学工学部を卒業した。「入学手続きに行ったら、「女だ！」という驚きの声が（笑）。女子トイレもほとんどありませんでした」という状況の中で学生時代を送るが、彼女が体験した集いは、二通りあった。「経営工学研究会というサークルに入ったのですが、ここには女子は三人だけ。体育会系のノリの上下関係が厳しいところで、ここで鍛えられたおかげで、会社に入ってから、礼儀正しいと評判がよかったことを覚えています」と語るように、厳しい上下関係の中にいた。しかし一方で、「地方から出てきた人が多くて、みんなさびしくて時間がありましたから、よく誰かの家に集まり、男だけの中にまじって朝まで語りました。そんなときも、人を受け入れて否定しない」という自由

八年に米国のスポーツアパレルブランド「アンダーアーマー」と総販売代理店契約を締結。現在は、サプリメント事業やスポーツマーケティング分野にも事業を拡大している。年商約三六〇億円。

★富永由加里
一九五八年愛媛県生まれ。八一年法政大学工学部卒、日立コンピューターコンサルタント（現日立ソリューションズ）入社。就業管理システム「リシテア」のシステム開発等に携わる。二〇〇七年に初の女性本部長、一一年に執行役員に就任。一四年四月より現職。

も、同時に感じていた。

女性は、関わりの中で仕事を成功に導くことが多い。企業では突発的なことが起こっても、動じずに解決していかねばならない。「現場では男も女もなく、上司も部下もない。泊まり込みでへとへとになった時に、その人の個性が出ます」と語る富永さんは、出産や子育ても体験し、そこに協働の良さを発見する。「自分がやるべきことをやってくれた人に感謝することが何よりも大切」と言う。新たな絆が形成されるのだ。出産や子育てが仕事にマイナスになるどころか、突発的な出来事に対する危機管理能力と、短時間でさまざまなことを実践する集中力を育てたとも語った。

大学の時空は、自分の強みと弱点を知って、それを前提に人と協働していくことを学ぶ場になっている。その場合の「集い」とは、まさにダイバーシティ（多様性）の場なのである。女性たちは男たちの規範を知り、男性たちは女たち

の柔軟性を学ぶ。

「一人で生きられるということは、多様性を認めて、異質なものを受け入れる度量を持っているということ。そこが僕らの強みじゃないでしょうか」と言ったのは、幻冬

舎の取締役兼専務執行役員の石原正康★氏だ。「僕ら」とは、法政大学の卒業生たちのことだ。石原さんは「群れない」という言葉を使った。石原さんは一九八六年に法政大学経済学部を卒業している。法政大学の名物教授のひとりだった尾形憲*教授の教育経済論を学んだ。もの書きタイプだが、ミリオンセラー、ベストセラーのヒットメイカーだから、優れたコーディネイターであり、まさに状況を「編集」する人だ。

独居老人というと寂しいイメージですが、たとえば限界集落と呼ばれるところに行って、実際にお年寄りに会ってみると、自分で畑を耕して、独立独

★石原正康
一九六二年、新潟県生まれ。八六年法政大学経済学部卒業。在学中から角川書店でアルバイトし、卒業後入社。九三年、見城徹氏とともに幻冬舎を立ち上げる。五木寛之『大河の一滴』『人生の目的』、天童荒太『永遠の仔』、村上龍『13歳のハローワーク』『半島を出よ』などのミリオンセラーや多くのベストセラーを生み出す。編集者としてNHK「プロフェッショナル　仕事の流儀」でも取り上げられる。現在、BS朝日「ザ・インタビュー　トップランナーの肖像」でインタビュアーを務める。

歩を楽しんでいる人も少なくありません。グローバリズムも大切だとは思いますが、日本が衰退化することが必然なら、それをトレンドととらえて大切にし、その魅力をさがすほうが豊かになれるかもしれない。最近、そんなことを考えています。たとえば障がい者を家族に持つなど、「弱さ」に直面してそれを受け入れた人の強さがありますよね。社会についても同じことがいえるかもしれません。アランの幸福論*に「悲観は気分に属し、楽観は意志に属する」という言葉があります。歴史的にもまれな高齢化社会の「強味」を発見し「価値」にしていけば、世界からも注目される社会になるでしょう。

印象的な言葉だった。「独居」「限界」「弱さ」が実は強みなのだと言ったのである。大切なのは群れないことではなく、人間だからこそ誰もがもつ孤独を受け容れ、個性を強みにして、集いの中で、その柔軟で深い強さを磨いていくことだろう。

*尾形憲　一九二三年生まれ。法政大学名誉教授。経済学者・平和運動家。一九八二年の全学集会では「非核大学宣言」をまとめ、その翌年から公開講座「法政平和大学」を開いた。

*アランの幸福論　『幸福論』（一九二五、二八年）は、両大戦期を生きたフランスの哲学者アラン（一八六八—一九五一）の主著の一つ。ヒルティ、ラッセルのそれと並んで世界三大幸福論とも称される。合理主義に立ち、日常の具体的な物事に即して道徳や芸術を哲学し、文学や政治を論じたアランの真骨頂。

自主法政祭の風景（市ヶ谷キャンパス，1979 年頃）

11

about 金原瑞人

「自由」を人のかたちにすると

金原瑞人《かねはらみずひと》★を思い浮かべると、若々しい痩軀、カジュアルに徹して妥協しないファッション、洒落たリュックに軽いフットワークと、形容詞が次々に出てくる。その存在と生き方は、「自由」を人にするとこうなる、と言っても過言ではない。

金原さんは一九七八年、法政大学を卒業するにあたって出版社を受験した。しかし落ちてしまった。そして、カレー屋をやることにした。という経緯を『翻訳家じゃなくてカレー屋になるはずだった』というエッセイで書いている。

それは本当らしい。金原さんは法政大学に在籍していたとき、マーク・トウェイン*の翻訳で知られている翻訳者の大久保博*教授に大きな影響を受けている。しかし学部を卒業するとき、翻訳家になろうとも、学者になろうとも思っていなかった。そして出版社をめざしたが、それに落ちてカレー屋になろうと準備をしていたとき、やはり在学中に交流のあった、法政大学教養部の犬飼和雄*教授にめぐり会ったのである。

「カレー屋になろうと思います」「へーそう。それもいいかも知れないね。でもカレー屋にはいつでもなれる。ところで、大学院というところに行って勉強して

★金原瑞人
一九五四年岡山県生まれ。七九年に法政大学文学部英文学科を卒業。八五年法政大学大学院人文科学研究科英文学専攻博士課程単位取得満期退学（文学修士）、九八年より現職。二〇一〇年から一一年まで社会学部長、一二年から国際戦略機構長を務める。『わたしはマララ』（共訳、学研パブリッシング、二〇一三年）、『青空のむこう』（求龍堂、二〇〇二年）、『国のない男』（NHK出版、二〇〇七年）、『月と六ペンス』（新潮社文庫、二〇一四年）など、これまでベストセラーを含む四五〇冊以上の翻訳を手掛けている。

みない？」
私も犬飼和雄教授をよく知っている。金原さんのエッセイをもとに、そこから想像した会話だ。この論理の飛躍が、二、三足のわらじを常にはきっぱなしの犬飼さんらしい。犬飼さんは英文学者だが、文学界新人賞をとったことのある小説家でもあり、エリック・C・ホガード*を中心とする翻訳者でもある。しかし同時に日本の古代史と中国研究にのめりこんだ人で、さらに、浮世絵のコレクターでもある。四川大学の客員教授を長く務め、定年退職後は中国文化研究所長となった。中国人の弟子を多くもち、現在、私の「文学」の代講をしてくれている彭《ほう》丹《たん》は四川大学で犬飼教授と知り合うことで法政大学の大学院に留学し、今は著書を次々と出版する研究者になっている。日本の永住権も獲得して、日本に骨を埋めるつもりだ。

ともかく、金原さんは法政大学の中でもはなはだ変わった、いや特徴

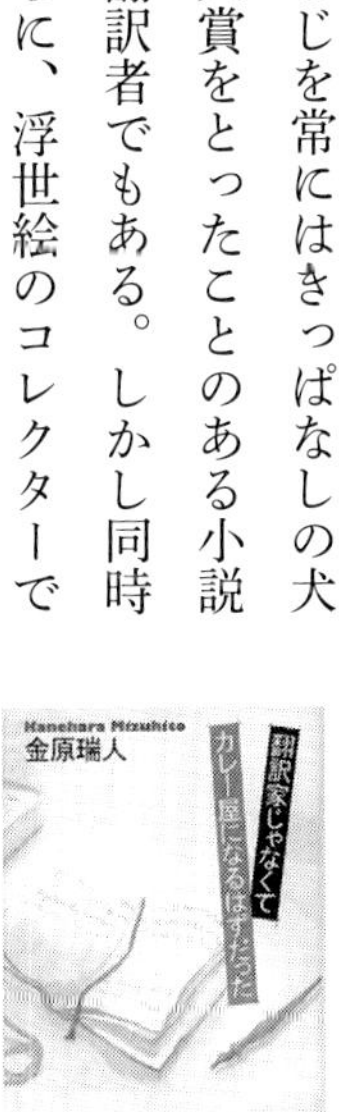

『翻訳家じゃなくてカレー屋になるはずだった』（ポプラ文庫、二〇〇九年）

*マーク・トウェイン　一八三五―一九一〇年。一九世紀アメリカを代表する小説家の一人。名作『トム・ソーヤーの冒険』『ハックルベリー・フィンの冒険』『不思議な少年』ほか。

*大久保博　一九二九年生まれ。英米文学者・翻訳家。法政大学名誉教授。訳書にトウェイン

的な教授たちに心打たれ、「自由」という川の流れに身を任せて人生を決めてきた。絶対にカレー屋になる、というわけではなく、絶対に翻訳家になろう、というわけでもなく、そのフットワークが導くままに、いつの間にか四五〇冊の本を翻訳し、社会学部の教授になるばかりか学部長にもなり、そのゼミから多くのライトノベル作家を輩出し、娘の金原ひとみ*は、多くの賞に輝く盤石な作家となった。

その過程を想像するに、膨大な翻訳を厳しい締め切りで仕上げる毎日、不登校の娘とともに生きた日常、という過酷な日々である。しかしそれを決して特別なものとは思っていないようで、さわやかな表情しか見たことがない。みじんも自分を偉いと思ってもいない。永遠の少年のままでいる。そもそも人間についての固定観念をもたない、竹のように柔軟な強さを秘めている。

その、日常的に顔を合わせている金原さんとHOSEI ONLINEで対談したのは、マララ・ユスフザイ*がノーベル平和賞を受賞した時だった。金原さんは、ノーベル平和賞受賞の一年前に、日本で初めてマララ・ユスフザイを本格的に紹介することになった自伝『わたしはマララ』を翻訳したのである。父親が何度失敗して

の諸作品のほか、T・ブルフィンチ『ギリシア・ローマ神話』(上下、角川文庫)など。

＊犬飼和雄
一九三〇年生まれ。英文学者、法政大学名誉教授。児童文学の著書に『さいごのサケ』(学習研究社、一九七二年)、古代史研究書に『記紀に見る甲斐酒折王朝』(レターボックス社、一九九二年)、訳書にE・C・ホガード『小さな魚』(冨山房)、J・F・クーパー『モヒカン族の最後』(ハヤカワ文庫)ほか多数。

＊エリック・C・ホガード
一九二三―二〇〇九年。デンマーク生まれのアメリカ

も学校を創り続ける姿を見て、マララさんは、教育を受けることはすばらしいもの、楽しいものだと思い始める。「この感覚は、日本の学校に通う子供たちとは大きく違いますよね。さらに彼女は、タリバン*によって多くの学校が破壊されるのを目のあたりにして、やりたいこと、楽しいことができなくなるという危機感を持ったわけですね」という私の問いに、金原さんはこう答えている。

先進国の生徒は、フォアグラ用に飼育されるガチョウのように教育を詰め込まれる。それに比べて、飢えたニワトリがいかにたくましいか、ということですね。学ぶことの楽しさを味わえるのは、日本ではもう大学だけになってきたのかもしれません。すると学問する楽しさを学生に知ってもらう場を提供するのは大学の使命の一つでもあります。

の児童文学作家。第二次大戦下のイタリアを舞台に、ナチスからの戦争孤児たちの逃避行を描いた『小さな魚』（一九六七年）で知られる。アンデルセンの英訳者でもある。

＊金原ひとみ　一九八三年生まれ。二〇〇三年『蛇にピアス』(集英社)ですばる文学賞、翌年に同作で芥川賞を受賞。ベストセラー作家となる。主な作品に『TRIP TRAP』(角川書店)、『マザーズ』(新潮社)、『憂鬱たち』(文藝春秋)『持たざる者』(集英社)ほか。

＊マララ・ユスフザイ　一九九七年生まれ。パキスタンの人権活動家。「女性

私はこの言葉を、マララさんの話題とともに、二〇一五年度の入学式式辞に一部引用した。そしてこの日の対談は、「学問する楽しさ」から、大学教育の欠けている部分に及んだのである。

田中　わからないけれど面白いと直感することがあるのですが、私にとっては、江戸文化の出会いがそうでした。わからないから知りたい。そして「面白い」を実践が追いかけていく感覚、それはマララさんの「勉強が楽しくてしかたない」に通じると思います。そうしてみると、日本語の「教育」という言葉に何かがひっかかるのです。学校という「場」は必要だけれど、そこは知ることを面白がり、自分で自分を「育てる」ところであって、決して「教え、教わる」ところではない。マララさんもそんなふうに考えているのではないでしょうか。

金原　そうですね。学生は自ら成長する、僕たち教員の役割はその刺激剤、触媒です。学生たちにマララさんの気持ちをぶつけると、きちんと受け止めるし、それなりにしっかりした答えが返ってきます。ということは、置かれ

が教育を受ける権利」を訴えたために、二〇一二年一〇月下校途中、かねてから彼女を脅迫していたタリバンの襲撃に遭い、銃撃されて重傷を負う。イギリスの病院に運ばれ奇跡的に命をとりとめたが、回復後も勇気をもって女性の権利を訴え、貧困・抑圧・暴力に対する言論活動を続ける。二〇一四年に史上最年少でノーベル平和賞を受賞。『わたしはマララ』（金原瑞人・西田佳子共訳、学研マーケティング、二〇一三年）ほか、いくつかの関連邦訳書が出版されている。

＊タリバン
パキスタンとアフガニスタンに勢力をもつイスラム原

た状況が違うだけで、基本的に持っているものは同じだと思うんです。きっかけさえ与えれば、それが引き出せるはずだと。

「大学でつけてやる力は、就職する力ではなく自分なりに生きていく力」だとも、金原さんは言った。大企業への就職率を表に作って、数値で競争する傾向があるのが、今の大学である。しかし、世界のどこで生きていくことになるかわからない現代、もっと柔軟に広い領域に適応できる能力が必要とされている。まさに、新しい出来事にぶつかりながら生き方を創造していく「金原的自由」の能力こそ、現在と未来が必要としている能力なのだ。「一〇年後、二〇年後に卒業生たちが幸せに生きているかどうか知りたい」と金原さんは言う。大学で得られる能力は、人生の長い時間の中で発揮する能力である。「教員の役割はその触媒として一緒に行動する、一緒に生きていく」とも表現した。教えるのではなく、学生が自分で自分の能力を活かせる力を、引き出してやるべきなのだ。

話題は、今の教育に欠けている部分にも及んだ。スピーチ能力の育成である。

理主義の運動。ソ連邦のアフガニスタン侵攻後の内戦から生まれ、とくに二〇〇一年のアメリカ同時テロ以降はアルカイダの指導者をかくまったとして全世界の注目を浴びた。偶像崇拝を禁止する立場からバーミヤンの石仏を破壊し、服装の規制、音楽・写真・映画など娯楽の禁止、女子教育の禁止など、抑圧的な住民統治体制をしいている。

田中　マララさんは、スピーチもとても上手ですよね。しかも彼女のスピーチは、学校、国内、国連と舞台が広がるとともに進化していますよね。本の中にも、彼女が「話す」ことを軸に自分を鍛えていく様子が書かれています。あちらの教育で、スピーチがそれほど活用されていることに、少し驚きました。

金原　スピーチは欧米の教育の中でも重要な位置を占めています。この本を読むと、パキスタンでもそうだということがわかります。日本でも、たとえば大学の弁論部*はかつて花形のひとつでしたよね。でもその伝統は失われ、最近は、英語の教科書を音読させることすら少なくなっている。日本人はどんどん口をつぐむ傾向にあるように感じます。

田中　たしかに明治のころの日本には、「演説」の文化がありました。マララさんが示してくれたように、スピーチの力強さが人を変えるのだとすれば、日本でも「話す」教育を復活させなければいけませんね。大学という場でそれができるのではないかとあらためて思いました。

金原　マララさんのスピーチを聞き、その姿を見てひとつ感じたことがあ

『マララ・ユスフザイ国連演説&インタビュー集』(朝日出版社、二〇一四年)

＊弁論部
政治や法律に関わる雄弁の能力（ディベート力、スピーチ力）を高めるための活動を行うサークル。かつての大学には「弁論部」「雄弁会」などの呼称をもつ組織が数多く存在し、政界や官界、ジャーナリズムの分野に進む人材を輩出する文化があった。

ります。おそらく発展途上国には、彼女同様「勉強したい」と感じ、社会の矛盾を痛感し、同じくらいスピーチのうまい女の子が、ほかにもいたし、今もいるはずです。でも彼女は、運命なのか神なのかはわかりませんが、とにかく何かに選ばれた。そして銃撃され、奇跡的に生還し、そのことを世界に発信する役割を与えられた今、彼女はそれをしっかり引き受けて、その道を歩んでいるのだと思います。彼女は本の中で「Speak Up」、つまり、困っている人がいたら他人事と考えず、その人たちのために「声を上げる」ことが大切だと述べています。まさにそれを実践しているんですよね。

英語教育の中にプレゼンテーションが入って来ている。日本人の学生のなかにも、英語の方がスピーチしやすい、と言う学生もいる。英語を話すことによって主体的に「声を上げる」ことが生き方になるのであれば、英語教育は人格教育にもなる。人前で話すことは、責任を負うことでもある。教師に単位を求めてレポートを提出する意識の状態とは、異なる次元だ。法政大学が「日本の大学」から「世界の大学」へと転換していくにあたり、英語による主体性の獲得は、重要な

『マララさん　こんにちは——世界でいちばん勇敢な少女へ』（R・マカーニー著、西田佳子訳、西村書店、二〇一四年）

課題になるかも知れない。
その英語である。金原さんは翻訳の天才だ。私はさぞかし、嬉々として仕事をしておられるのかと思った。ところが、

いや、作業自体はひたすら苦痛です。たとえば「吾輩は猫である」は、「I'm a cat」と英訳するしかないけれど、これは一種の誤訳、原語に対する裏切りです。原文のおかしさがまったく伝わってこない。翻訳者としてそんなことを繰り返しているという精神的苦痛に加え、肩こり、腰痛などに見舞われます（笑）。ただ、読者に面白かったと言ってもらえると嬉しい、それだけかな、翻訳の面白みは。

英語を見ながら一二時間以上パソコン打つだけで、心身ともに参っていく仕事だという。しかも自分自身がもっている文体の限界についても話して下さった。

一六歳の女の子が書いた本に、僕の文体は合いません。そこで共訳の形に

しました。訳文は西田佳子さんの文体なんです。また、通常は原書を読んだ上で翻訳を引き受けるのですが、この本の場合は、まだ原稿のない企画の段階で版権*を買った出版社からのオファー。正直、面白いかどうか不安でした。でも届いた第一稿が素晴らしくて、ホッとしました。

翻訳はそもそも、他人が書いた文章である。そうであるなら文体はどうにでもなるのだろうと考えていた。「一六歳の女の子が書いた本に、僕の文体は合いません」という認識は意外なものだったが、同時に、翻訳はそこまで演じ方をつめていく、極めて繊細精密な仕事であることも分かった。教授の片手間などではなく、翻訳のプロフェッショナルとして、日夜仕事をしているのである。

しかもこの時話題にしていた『わたしはマララ』は、原稿が確定していない段階で翻訳に入ったという。しかも、原稿がまだできていない時に翻訳版権を買っている。まさに商品なのだが、しかしその商品が世界を変えることすらある。『わたしはマララ』は、人にとって教育とは何かという問題や、女性が教育機会を暴力で奪われることが、まだ世界で頻繁に起こっていることを知らせてくれた。

＊版権
著作権にいう出版権のこと。ある著作物を独占的に複製し販売できる権利。海外の著作物の場合、日本の出版社は翻訳権エージェントを通じて原著者や原出版社に著作権料を支払い、契約を結ぶ。多くの読者を期待できる著作の場合、翻訳権獲得をめぐって複数の出版社が高額の版権料を提示し、競合することもある。

そういう商品だったのである。

私がマララさんに眼を向けるようになったのは、社会学部長のとき、学部で開催していた「アカデミック・ランチ」で、『わたしはマララ』翻訳中の金原さんのレクチャーを聴いた時だった。「アカデミック・ランチ」は、ランチタイムに教員や学生が昼ご飯を持って集まり、授業とは異なる教員の話を聞く催しである。法政大学はこのように、学部のなかでさまざまなムーヴメントが起こり、出会いがある。

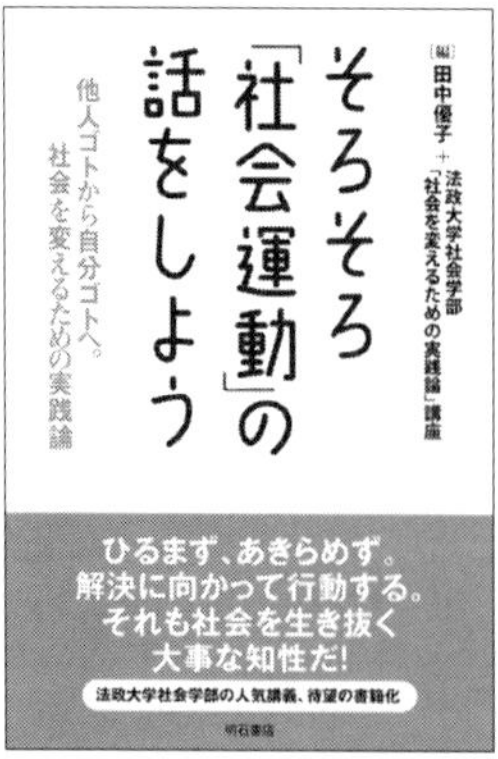
〔編〕田中優子＋法政大学社会学部「社会を変えるための実践論」講座
そろそろ「社会運動」の話をしよう
他人ゴトから自分ゴトへ。社会を変えるための実践論
ひるまず、あきらめず。解決に向かって行動する。それも社会を生き抜く大事な知性だ!
法政大学社会学部の人気講義、待望の書籍化
明石書店

アカデミック・ランチは課外スピーチだが、この年度の社会学部は、正課講義をもとに『そろそろ「社会運動」の話をしよう――他人ゴトから自分ゴトへ。』（明石書店）という本も作った。これは「社会を変えるための実践論」という、複数の教員による討論型講義をもとにしたものだ。学部のこのような闊達な空気は社会学部が創り上げてきたものだった。私は二〇一二年四月、この学部の学部長を、金原さんから受け継い

＊シリア難民
シリアは難民を最も多く受け入れる国の一つであったが、二〇一一年三月に起きた内戦、その後の「イスラム国」（ＩＳＩＬ）の台頭により、大量の難民を生み出した。当初トルコ、ヨルダン、レバノン、イラクなど周辺諸国への避難が大半だったが、その対応能力が限界に近づくと、西欧をめざす難民が急増。国連難民高等弁務官事務所（ＵＮＨＣＲ）の推計（一五年九月末）によると、シリアの人口約二二四〇万人のうち、四〇〇万人以上が国外に脱出し、このうち五〇万人余りがヨーロッパに流入、国内の避難民も七六〇万人と推測されている。

だのである。その道は総長への道となった。

本書は、シリアで亡くなった後藤健二さんから始めた。そして、シリアの小さな隣国、レバノンの話で閉じよう。二〇一五年は、多くのシリア難民*が周辺国ばかりでなく、ヨーロッパ諸国に押し寄せた年だった。そして、テロは収まるどころか、パリの同時テロ*をはじめとしてさらに広範囲に拡がっている。

そのようななか、二〇一五年七月、マララ・ユスフザイはマララ基金*を使って、レバノン東部のベカー平原に学校を開設した。シリア難民の少女を対象とした学校である。私は二〇一五年度秋の入学式では、このレバノンの学校について話した。

後藤健二さん死去後の世界を少しでも変えるために、マララ・ユスフザイの言葉をここに挙げよう。自由な学びの場とは、実はとてもシンプルなものなのである。

無学、貧困、そしてテロリズムと闘いましょう。本を手に取り、ペンを握

＊パリ同時テロ
二〇一五年一一月一三日金曜日（現地時間）にフランス・パリで、中心部のコンサートホールや北部のサッカー場などを標的とした同時多発テロ事件が起き、少なくとも一二七人が死亡、約三〇〇人が負傷した。過激派組織「イスラム国」が犯行声明を発表したが、実行犯の多くが「ホームグローン（自国育ち）」と呼ばれる欧州出身の若者たちであったとされる。

＊マララ基金
国際的な支援を受けてマララさんが共同設立したNGO。国境を越えて、女性の就学のための支援活動を展開している。

りましょう。それが私たちにとってもっとも強力な武器なのです。一人の子ども、一人の教師、一冊の本、そして一本のペン、それで世界を変えられます。教育こそがただ一つの解決策です。

小金井キャンパス（2013 年）

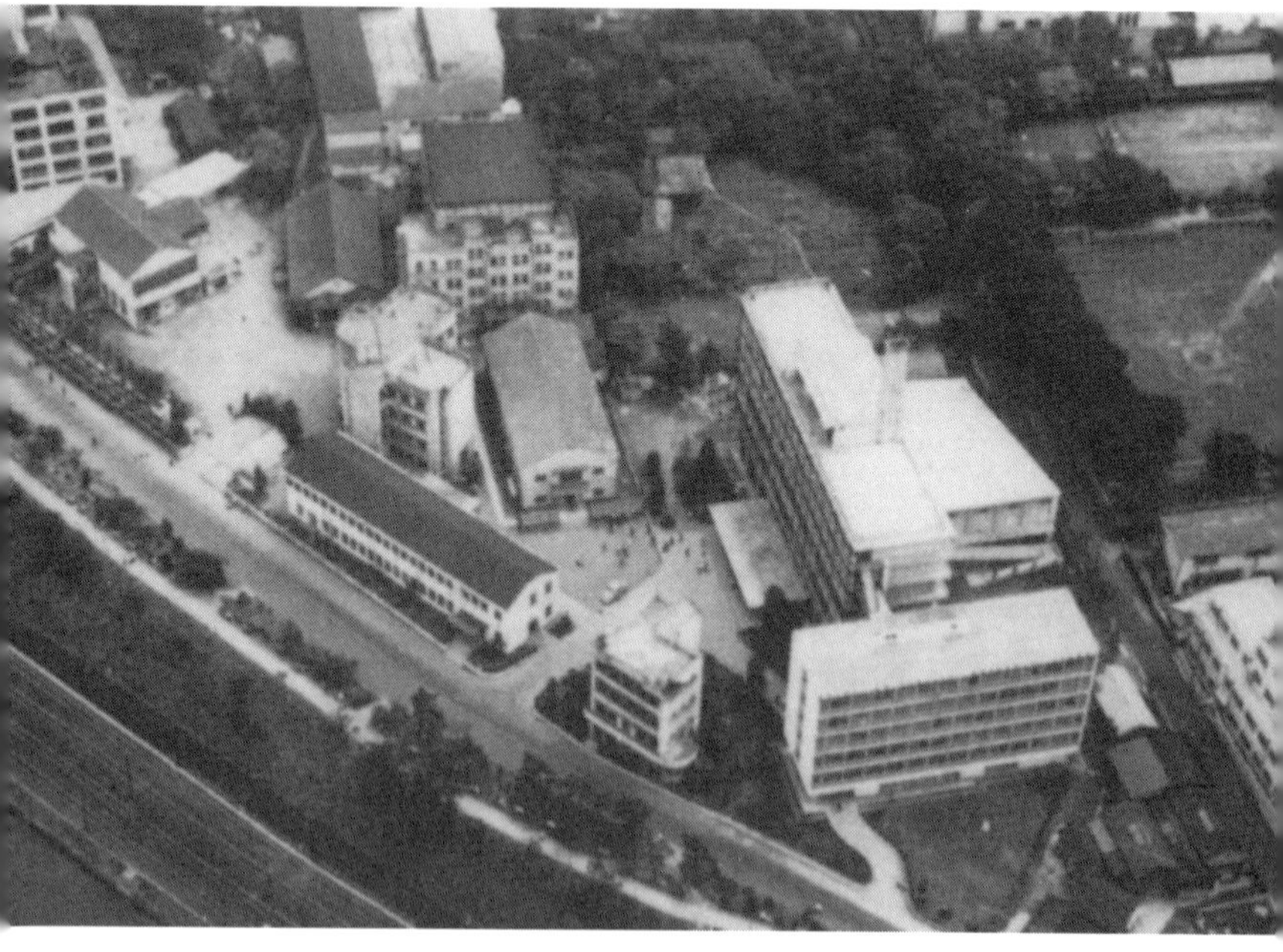

市ヶ谷キャンパス（1950 年代後半）

おわりに

with　大江健三郎

おめにかかった人にも、おめにかかれなかった人にも登場いただきながら、自由という広場である法政大学を語ってきた。大学に際だった個性が求められている今日だが、もしその個性が型にはまったものになり、卒業生を含めた世界中の人々がアクセスしにくいものになるのであれば、大学の知名度は上がっても集う意味が失われる。単位を取得して学士号、修士号、博士号をとるのが大学にいることの目的かも知れないが、しかしそれだけではあまりにももったいない。大学は、人々が自らの自由と知とを求めて集う「縁側」であり「広場」でなくてはならない。

いま多くの人々が、生涯、どこかに出入りしながら学び続けることを必要としている。その「どこか」として、大学は最適な場である。考え方の異なる、立場の異なる、育ち方の異なる、年齢や性別の異なる人々の集う、真にダイバース（多様）な場が、大学である。そして、教師やチューターが学生を受け容れ、議論し、認め、助ける場が、大学である。互いを応援し、時に結束し、心から楽しみ、知性が拡がり深まる場が、大学である。

そのような場を考えてみると、その芯のところに「自由を生き抜く」という価値観が通っていることは、これからの世界にとって何よりも重要なことなのではないだろうか。しかし言葉でそれを宣言したからといって、どの大学も簡単に実現できるわけではない。法政大学は、その価値観のもとに歴史を刻んできた。そして今も、その価値観を実現することに向かい続けている。自由を生きることは簡単ではない。思想と能力が必要だ。

その思想（イデオロギーではなく、自らの考え方）と能力を伸ばすのが法政大学の役目であると思っている。

私が総長になって最初に対談したのが、ノーベル文学賞受賞者の大江健三郎★氏

★大江健三郎　小説家。一九三五年、愛媛県に生まれる。東京大学文学部フランス文学科卒。大学在学中の五八年、「飼育」により芥川賞受賞。九四年、ノーベル文学賞受賞。主な作品に『芽むしり仔撃ち』『個人的な体験』『万延元年のフットボール』『洪水はわが魂に及び』『新しい人よ眼ざめよ』『懐かしい年への手紙』『人生の親戚』『燃えあがる緑の木』『取り替え子(チェンジリング)』『美しいアナベル・リイ』『水死』『晩年様式集(イン・レイト・スタイル)』等がある。

であった。大江氏は言った。

僕は軍国主義の時代に生まれ、一〇歳のときに戦争が終わった。だれもが通えるようになった新制中学で、新しい憲法について、徹底的に勉強させられました。そこに謳われていたのは民主主義と不戦の精神、これこそが、僕の考える「戦後精神」の根幹をなすものです。そして、たとえ子どもであっても「個人」として扱われ、自分の意思で高校へ、さらに東京の大学へも進める。学校の先生にはよく「自由をはき違えるな」といわれたけれど、僕はあえてはき違えてやろうと思っていました（笑）。

大江氏は、「戦後の精神」のなかでもっとも重要だと思ったものが、民主主義*と不戦であり、これは「制度」としてだけではなく、そこに向かい続ける決断こそが重要だと述べた。

そしてもうひとつが、「個人」として生きることができる、ということの驚きと喜びであった。個人が自分の意思によって自由に、学び方も働き方も決めるこ

＊戦後民主主義　第二次世界大戦に至る日本の近代史の負の側面を直視し、加害と被害の関係を生む悲惨な戦争を二度と起こさぬよう、基本的人権の尊重や平和主義など、戦後憲法の思想を貫く立場。大江氏においては、『ヒロシマ・ノート』（一九六五年）や『沖縄ノート』（七〇年）などの政治的・社会的エッセイに、「強権に確執をかもす志」としての民主主義的意志が強く示されている。

とができる。当たり前のように思える個人による決定の自由は、戦後日本がようやく手に入れた精神だったのである。さまざまな話をうかがったが、大江氏はまさにその自由を生き抜いている。生まれた子供に障がいがあることがわかったとき、外へ勤めに出ないで小説家として生きることを決意したのも、大江さんの職業の選択だった。この戦後の精神を、失ってはならない。そしてその精神を支えるものの中心に、知は重要な意味をもつ。

大江さんはその日、沖縄文化研究所*主催のシンポジウムに講演しにいらしたのだった。しかし開口一番、彼が語ったのは法政大学出版局の「叢書・ウニベルシタス*」のことである。

法政大学に尊敬の念をいだいています。日本の本のシリーズでもっとも良いのは、法政大学出版局とみすず書房が出していると思っています。叢書・

＊沖縄文化研究所
沖縄が日本に返還された一九七二年七月、当時の中村哲総長のもと設立。英文学者の中野好夫が私費で主宰していた沖縄資料センターの資料を無償で法政大学に移管したことがきっかけであった。同センターは六〇年代、米軍占領下の沖縄を調査するため設けられたが、研究所設立によって学術機関としての役割が強化され、以降、琉球列島について学際的な研究活動が組織される。定期刊行物として、『沖縄文化研究』『琉球の方言』『沖縄研究資料』『沖縄文化研究所所報』を発行するとともに、年間を通じた総合講座「沖縄を考える」や随時開催するシンポジウム等

ウニベルシタスは出版する本の選択も翻訳も素晴らしく、装丁もいい。叢書の中でも、初期に出された二冊は、僕の文学に決定的ともいえる大きな影響を与えました。ひとつはガストン・バシュラール*の『空と夢——運動の想像力にかんする試論』。これは通し番号では2でした。イマジネール（想像力的な広がり）について書かれていました。言葉の背後にイメージが拡がる。その言葉の想像力的な広がりこそが文学だ、という考えに影響を受けた。僕の想像力についての考え方は、ほぼこの本が元になっています。もう1冊はミルチャ・エリアーデ*の『聖と俗——宗教的なるものの本質について』です。これは叢書・ウニベルシタスの14でした。

ナンバーまで覚えている叢書・ウニベルシタスについての話は、次々と口を突いて出て、夢中になって話して下さった。友人でもあったエドワード・サイード*の翻訳を早い時期に出したのが法政大学出版局であったこと（叢書・ウニベルシタス『始まりの現象——意図と方法』）、評論集も翻訳出版したこと（叢書・ウニベルシタス『世界・テキスト・批評家』）、ミラン・クンデラ*の『小説の精神』も

を通じて、広く社会に門戸を開いている。

*叢書・ウニベルシタス　ウニベルシタスとは「普遍性」「大学」の意。「人間とその世界、思想と文化の根本問題を独自の視座から鋭く洞察して時代の精髄を体現した著作を収める」翻訳書シリーズ。「書物による大学」をめざして一九六九年に刊行開始し、現在は既刊点数が一〇〇〇番を突破している。

*ガストン・バシュラール　一八八四—一九六二年。詩と化学を融合する独自の科学認識論および文学批評を創造し、二〇世紀思想に大きな影響を及ぼす。

出したこと、ゲルショム・ショーレム*は『サバタイ・ツヴィ伝――神秘のメシア上・下』をはじめとして何冊も出していること、そして約一〇〇冊の叢書・ウニベルシタスを持っていることが、大江さんの知的な営みに非常に大きな位置を占めている。法政大学には、そのような戦後社会を支える「知の蓄積」がある。それを学生に対して広め活用するのも、教職員の役割だろう。

一方、私自身は法政大学出版局の「ものと人間の文化史*」シリーズを、研究者としても個人としても使いこなしてきた。ウニベルシタスとは正反対のこの「もの」シリーズは、日本人の技術の根幹がわかるシリーズだ。

「自由を生き抜く」主体は誰か。それは学生ひとりひとりである。その能力を伝授する主体は誰か。法政大学の教職員、在学生、卒業生たちである。それを支えるのは何か。それは、出版局や研究所や学部、大学院など、多くの組織が蓄積してきた「知」である。それらが集って、自由という広場は、今日も世界に向かって開いている。

＊ミルチャ・エリアーデ
一九〇七―八六年。ルーマニアの世界的な宗教学・宗教史学者。

＊エドワード・サイード
一九三五―二〇〇三年。パレスチナ系米国人の文学研究者。主著『オリエンタリズム』（平凡社）『文化と帝国主義』（みすず書房）はポストコロニアル批評の金字塔。『パレスチナ問題』（同）など政治・歴史問題への発言、『知識人とは何か』（平凡社）など人文学の役割をめぐる言論で著名。

＊ミラン・クンデラ
一九二九年チェコ生まれ。現代フランスを代表する作家の一人。

＊ゲルショム・ショーレム
一八九七—一九八二年。ベルリン生まれ。シオニズム運動に加わり、二三年パレスチナに移住。ヘブライ大学でユダヤ神秘主義を研究し世界的権威となる。

＊「ものと人間の文化史」
文化の基礎をなす個々の「もの」について、その根源を問い直し、「もの」とのかかわりのなかで営々と築かれてきた暮らしの具体相を通じて歴史を捉え直すシリーズ。一九六八年の『船』以降、現在までに一七五を超えるテーマを刊行し続けている。

夕暮れ時の市ヶ谷キャンパス（2011 年）

＊本書内の写真撮影・提供
02 ～ 11 章および「おわりに」対談時の写真——ジオイメージワークス
法政大学・大学史関連写真——法政大学総長室

自由という広場 －法政大学に集った人々－

2016年3月31日　初版第1刷発行

著者　田中優子
組版　HUP
デザイン　NOSIGNER

発行所　一般財団法人 法政大学出版局
〒102-0071 東京都千代田区富士見2-17-1
電話 03(5214)5540　振替 00160-6-95814

印刷　日経印刷
製本　積信堂

Printed in Japan
ISBN978-4-588-67215-6

田中優子（たなかゆうこ）

法政大学社会学部教授、国際日本学インスティテュート（大学院）教授。2012年度より社会学部長。2014年度より総長。

専門は日本近世文化・アジア比較文化。研究領域は、江戸時代の文学、美術、生活文化。『江戸の想像力』で芸術選奨文部大臣新人賞、『江戸百夢』で芸術選奨文部科学大臣賞・サントリー学芸賞。その他多数の著書がある。江戸時代の価値観、視点、持続可能社会のシステムから、現代の問題に言及することも多い。2005年度紫綬褒章。近著に『カムイ伝講義』『未来のための江戸学』『布のちから』『グローバリゼーションの中の江戸』『鄙への想い』など。

日本私立大学連盟常務理事、大学基準協会理事、サントリー芸術財団理事、TBS「サンデーモーニング」のコメンテーターも務める。